영원한 선물 The Eternal Gift

사랑하는 동물을 잃은 슬픔과 마주하다

영원한 선물

로렌 맥콜 지음 | **이정아** 옮김

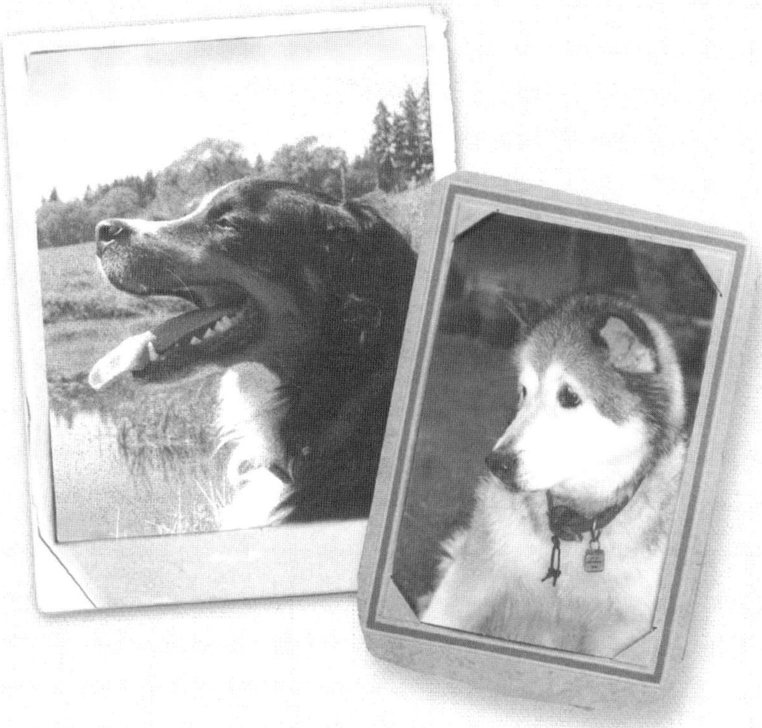

서현사

THE ETETRNAL GIFT: Coping with the Grief of Losing a Beloved Animal
by
Lauren McCall

Copyright ⓒ 2009 by Lauren McCall
All rights reserved.

Korean translation copyright ⓒ 2012 by Seohyunsa Publishing Co.
Korean translation rights arranged with Lauren McCall c/o Barara Neighbors Deal Literary Associates, California.

이 책의 한국어판 저작권은 저작권자와 독점 계약한 서현사에 있습니다.
저작권법에 의해 한국 내에서 보호를 받는 저작물이므로 무단 전재와 무단 복제를 금합니다.

동물이 경험하는 삶과 죽음의 신비를 밝혀주는 이 책은
반려동물이 세상을 떠난 뒤에도 남아 있는 사랑의 끈을 여러분이 이해하도록 도와줍니다.

아버지와 루에게 바칩니다.
제가 가야 할 길을 보여주셔서 감사합니다.

헬렌 던포드(Helen Dunford)가 없었다면, 이 책과 작가로서 저의 여정은 불가능했을 것입니다. '고맙다'는 말로는 다할 수가 없습니다. 헬렌의 격려와 협조 덕분에 저는 '영혼이 기뻐하는 일을 추구' 할 수 있었습니다. 그리고 인내심 있는 친구 데비 포츠(Debby Potts)와 캐슬린 브라자(Kathleen Braza)의 도움과 지지도 매우 소중했습니다. 두 사람은 책의 원고를 몇 번이나 읽고 좋은 의견을 제시해주었습니다. 고맙습니다.

《영원한 선물》이 한국어로 번역·출판되는 데는 이정아의 사랑과 애씀이 있었습니다. 이 책의 출간에 대한 정아의 생각과 헌신은 시종일관 확고부동했습니다. 저는 영원히 감사할 것입니다. 믿음을 갖고 좋은 책으로 만들기 위해 관심과 노고를 쏟아주신 서현사의 조재성 사장님께 감사의 말씀을 드립니다. 한국어판 출간에 중요한 공로자인 아오다 유미에게도 많은 축복이 있길 바랍니다.

이 책을 쓰는 동안 직접, 간접으로 도움을 준 이세상과 저세상 모든 경이로운 동물들에게 깊은 감사를 전합니다.

한국어판 서문

이 세상 최고의 언어는 사랑입니다

한국어, 영어, 일본어, 프랑스어, 스페인어, 중국어. 어떤 언어로 말하더라도, 동물을 소중한 식구로 생각하는 사람들은 모두 같은 언어로 '말한다'고 저는 믿습니다. 그 언어는 우리가 동물과 맺고 있는 소중한 관계를 규정하며, 그런 언어를 사용하는 커뮤니케이션은 글이나 말을 필요로 하지 않습니다. 그 언어는 우리가 손으로 개의 털을 헝클거나 토끼의 귀를 어루만지면서 동물친구들에게 전하는 감정이기도 합니다. 가장 건강에 좋은 음식이나 최상의 동물병원, 최고로 푹신푹신한 침대, 제일 예쁜 목줄을 고를 때에도 그대로 나타납니다. 동물에게 그 언어는, 일과를 마치고 집에 돌아왔을 때나 아침에 일어났을 때 우리를 가장 먼저 맞이하는 동물들의 눈에서 반짝이는 기쁨이고 즐거움입니다. 소파의 따뜻한 자리를 같이 차지하면서 앉을 때나 장난감을 좇아서 복도를 달려갈 때 내는 더없는 행복의 부드러운 가르랑거리는 소리이기도 합니다. 그리고 사랑하는 동물들이 이 생을 떠날 때 우리가 느끼는 그 슬픔의 깊이입니다. 그것은 참으로 사랑이라는, 조건 없는 사랑이라는 언어입니다.

이 책을 한국의 독자 그리고 동물들과 함께 나눌 수 있어서 무척 기쁩니다. 동물들의 말과 감정을 이렇게 여러분과 함께 나눌 수 있게 되었으니 저의 꿈, 필생의 업은 이루어졌습니다. 제가 이 책을 쓰긴 했지만 정말이지, 여러분에게 말하고 있는 존재는 바로 동물이라고 생각합니다. 제 자신은 그 동물들의 감정과 생각을 이해하도록 돕는, 메시지를 전달하는 사람일 뿐입니다. 그리고 여러분 역시 그 역할을 해주시면 좋겠습니다.

이세상에 그리고 사후의 세계에 살고 있는 동물들이 우리와 함께 나누는 이 모든 선물과 그들의 영원한 선물인 사랑이 여러분 가슴에 깊은 감흥을 불러일으키길 바랍니다.

2012년 1월 로렌 맥콜 Lauren McCall

들어가는 글

동물의 영혼과 대화하다

개가 죽으면 어떻게 될까? 고양이는 죽어서 하늘나라로 갈까? 토끼나 말은? 이 책을 읽는 대부분의 독자는 사랑하는 동물을 잃은 적이 있거나 잃는 경험을 할 분들일 테지요. 여러분의 반려동물은 죽어서 무지개다리를 건너 하늘(나라)로 갔습니다. 혹은 고향으로 돌아갔다고 생각하고 싶어 하는 분들도 계시지요. 그들은 육체적으로 우리와 멀리 떨어져서 인간의 일상 의식 너머에 존재하는 영역으로 여행을 합니다. 우리 자신이 죽은 후에 어떻게 될까에 대해 곰곰이 생각하는 것처럼 우리는 우리가 사랑하는 동물의 죽음에 대해서도 의문을 가집니다. 대체로 동물들은 죽음을 조건 없는 사랑과 기쁨, 지극한 환희로 가득한 고향으로 돌아가는 멋진 여행이라고 봅니다. 삶과 죽음, 환생이라는 이 성스러운 신비를 풀기 위해 일생을 바치는 사람들도 많습니다만 그 개념이 그렇게 복잡하고 알기 힘든 것이어야 할까요? 제가 얘기를 나눠본 동물들은 그렇지 않다고 생각합니다.

몇몇 예외도 있지만 인간 의식의 범주 너머를 탐험할 수 있도록 저를 지도해준 메신저messenger와 스승teacher, 가이드guide들은 동물이었습니다. 동물들이 인간 정신이 가질 수 있는 것보다 더 대단한 통찰력을 가졌다는 것은 아닙니다. 다만 저는 그들이 대부분의 사람들보다 육체와 정신, 영혼의 자연적인 순환에 더 가까이 있고 더 편안하게 느낀다고 생각합니다. 아마도 여러분이 동물과 대화할 수 있다면 죽음과 이별에 직면했을 때 우리가 하는 가장 근본적인 물음에 대해 여러분의 동물을 포함한 많은 동물이 단순명료하게 설명해줄 것입니다.

애니멀 커뮤니케이션animal communication에 대해 말할 때 저는 텔레파시로 커뮤니케이션 하는 것을 말합니다. 애니멀 커뮤니케이터는 동물과 한 장소에 있으면서 텔레파시로 연결할 수도 있고, 같은 장소에 있지 않는 경우에는 그 동물의 사진을 보거나 그 동물에 대한 설명을 듣거나 읽고 연결할 수 있습니다. 텔레파시는 거리가 문제되지 않기 때문에 그 동물이 오리건 주의 제 옆집에 있건 세계 어디에 있건 연결하는 데 어려움은 없습니다. 개개의 영혼, 개개의 동물, 사람 한 사람 한 사람은 모두 고유의 진동수를 가집니다. 어떤 동물과 연결할 때는 여러분이 좋아하는 라디오방송국 채널의 주파수에 맞추듯이 그 동물의 진동수에 맞추는 것입니다. 대부분의 사람들은 늘 자신의 동물에게 얘기하고 있습니다만 대답 듣는 방법을 몰라 애를 먹고 있지요.

애니멀 커뮤니케이터animal communicator라는 직업 덕에 저는 삶과 죽음의 상호연관성을 깊이 탐구할 수 있었습니다. 처음 의뢰인과 죽은 동물의 연결을 시작했을 때는 불안감이 있었습니다. 동물이 자신의 죽음에 대해 무슨 이야기를 할지 염려했지요. 만약 그 이야기가 육체를 벗어나는 것에 대한 고통이나 걱정, 회한을 나타낸다면? 그저 사랑하는 동물이 춥고 외로운 허공 속에서 행복하고 자유로우며 홀로 있지 않다는 사실을 확인하고 싶어 하는, 사랑하는 동물을 잃고 슬픔에 빠져 있는 사람(들)에게 난 무슨 말을 전해야 하지? 하는 생각이 들었지요. 다행이도 동물들이 저에게 전해주는 압도적인 느낌이 벅찬 기쁨과 사랑이라는 것을 알려드릴 수 있어 저는 기쁩니다. 여러분의 가슴을 부풀어 오르게 하고 숨을 멎게 하는 바로 그런 사랑 말입니다. 너무나 엄청나서 표현할 수가 없고 오로지 느낄 수밖에 없는 그런 종류의 느낌 말입니다.

저는 사람들과 세상을 떠난 동물들의 연결을 돕고 싶다고 기쁘게 말합니다. 동물들이 누구와 함께 있는가만이 아니라 얼마나 잘 지내고 있는가를 확신을 가지고 사람들에게 말할 수 있기를 고대합니다. 그 동물의 반려인이 소중한 선물로 간직할 메시지를 저세상에서 가져오는 것은 즐거움이자 영광입니다. 영혼들이 사는 저세상에 있는 동물들과 연결하면서 저는 그들이 그곳에서 느끼고 있는 넘쳐흐르는 무한한 사랑을 받습니다.

저의 동물 친구들 가운데 누군가가 죽으면, 저 역시 여러분과 마찬가지로 여전히 큰 슬픔에 빠집니다. 이것은 우리보다 먼저 죽는 존재를 사랑할 때 타협해야 하는 부분이지요. 반려동물 중 한 마리가 죽으면, 저는 그 동물이 그리워서 너무나도 슬퍼합니다. 외로움에 빠지고 때로는 길을 잃은 듯이, 영원히 곁에 둘 수 없음을 알면서도 그 보물을 그토록 사랑한 자신을 늘 책망하지요. 그 상실을 받아들이려고 몸부림칠 때 사랑하는 그 동물이 행복하고 잘 지내고 있다는 사실을 알게 되면 대단히 위로를 받습니다. 저는 또 동물들의 삶에 목적의식이 있기에 죽음이 찾아오면 그것은 책 한 권의 끝이라기보다 한 장章의 적절한 마침이며 맺음이라는 것을 압니다. 이것은 동물들이 삶과 죽음 그리고 환생의 영원한 순환을 믿고 있기 때문이지요.

동물과 대화할 때 저는 항상 처음부터 끝까지 한마디 한마디를 적어놓습니다. 그 노트에서 발췌한 내용으로 구성되었기에 이 책의 중심은 바로 동물들의 말입니다. 저는 이별의 상실감을 경험한 사람들에게 힘을 줄 수 있는 동물과의 대화를 골랐습니다. 동물들의 말은 삶과 죽음이 서로 연결되어 있음을 알려주고, 이세상에 남아 애통해하고 있는 사랑이 많은 영혼들을 위로해줄 것입니다. 이 책은 영적인 내용을 담고 있지만 어떤 특정 종교와 관련 없이 우리 동물 친구들의 관점에 근거한 것입니다. 기억해주세요. 이 책에 담겨진 말이 어쩌면 여러분의 동물친구가 여러분에게 전하는 말일 수도 있다는 사실을.

Content

한국어판 서문 | 이 세상 최고의 언어는 사랑입니다 7

들어가는 글 | 동물의 영혼과 대화하다 9

Chapter 1 생명의 바퀴 17
"죽음 속에 삶이, 삶 속에 죽음이"

Chapter 2 죽음의 과정 31
"죽음에 완벽한 때란 없어요."

Chapter 3 떠나보냄과 사랑의 본질 49
"행복하고 기뻐요. 자유롭고요. 고향에 돌아왔어요."

Chapter 4 환생 61
"우리는 전에도 함께했었죠. 그리고 다시 만날 거예요."

Chapter 5 저세상 79
"제가 있는 곳에는 오로지 조건 없는 사랑만 있어요."

Chapter 6 영원한 진수: 안내하는 빛 101
"저는 여전히 당신과 함께 있어요. 그리고 언제나 그럴 거예요."

Chapter 7 슬픔 마주하기 123
"죽음에 대해 이해하지만 그래도 마음이 아픕니다."

Chapter 8 맺는 글 141
"이 생에서 나는 쓸모있음과 약간 쓸모없음 사이에서 균형을 이루었지요. 정말 잘 해내었잖아요! 얼마나 즐거운 삶이었다고요. 내 삶은 순풍에 돛 단 배처럼 만사 순조로웠거든요."

부록 | 천사들의 거리 149

옮긴이의 글 | 사랑은 영원한 선물입니다 153

Chapter 1

생명의 바퀴

"죽음 속에 삶이, 삶 속에 죽음이"

항상 보다 큰 그림을 봐야 합니다.
그리고 배우기 위해 지상에 있음을 기억하세요.
배움이 끝나면 여러분의 삶도 끝나지요.

Chapter 1

동물들은 대부분의 사람들보다 삶과 죽음, 환생이라는 순환을 훨씬 더 편안하게 느낍니다. 왜 그럴까요? 텔레파시로 그들의 '고차원 자아'와 연결해보면, 그들은 영원한 순환의 전체 과정이 어떻게 작동하는지 기억해낼 수 있는 것처럼 보입니다. 제가 얘기를 나눠본 온나라는 버니즈 마운틴 개는 이렇게 말했습니다. "모두가 하나의 순환이에요. 죽음 속에 삶이, 삶 속에 죽음이 있지요. 살아야 하고 즐겨야 할 모든 것들이 거기에 있어요." 앞으로 더 나아가기 전에 적어도 삶과 죽음, 환생의 우주적 순환에 대해 동물의 관점으로 개념 이해를 해보시면 어떨까요.

태초에 모든 것의 가장 중심에 하나 the Oneness, 위대한 영 the

Great Spirit, 신God이라는 보편적인 우주의 힘이 있습니다. 우리는 모두 이 생명력에 연결되어 있지요. 이것이 우리의 진수essence이고, 바로 우리가 누구인가라는 것입니다. 궁극적으로 우리를 서로 연결하는 것이 바로 이것이지요. 우주 속에는 여러 광대한 은하와 항성과 행성들, 그리고 인간과 동물의 육체를 포함하는 형태가 있는 물질이 있습니다. 볼 수도 있고 만질 수도 있는 이런 세계와 더불어 느낄 수도 없고 존재하고 있음을 알거나 감지할 수도 없는, 그런 에너지와 진수, 생각, 감정을 포함하는 영혼의 영역도 있지요. 우리와 우리 동물의 영혼들은 이 영역에서 살고 있습니다. 문화에 따라 이곳은 천국heaven, 니르바나nirvana, 파라다이스paradise, 저세상the Other Side, 엘리시움Elysium 등으로 불립니다. 동물들은 주로 그곳을 '고향home' 이라 부르는데 죽을 때마다 돌아가는 영원한 장소입니다.

저는 멋진 말라뮤트 개 루에게 좀 더 자세한 설명을 부탁했습니다. 루가 열네 살에 죽기까지 저는 루와 삶을 함께할 수 있는 특권을 누렸지요. 루에 대해 더 말씀 드리겠지만 지금은 생명의 바퀴the Wheel of Life에 대해 루와 나눈 대화를 소개합니다.

■ 루Roo

로렌: 루야, 죽은 뒤에는 어떻게 되니?

루: 고향으로 돌아가서 자신의 생애를 회고하지요.

로렌: 어떤 목적이 있어 그렇게 하는 거니?

루: 그럼요. 교훈을 배웠는지, 임무를 완수했는지 알아보기 위해서예요.

로렌: 그것에 대해 좀 더 이야기해줄 수 있겠니? 무슨 교훈, 무슨 임무?

루: 우리는 다음 생에서 배워야 할 교훈에 따라 우리의 종種, 실제 우리 육체를 선택하지요. 예를 들면, 어떤 동물은 참을성을 배우기 위해서 사람과 함께하는 또는 사람과 관계없는 삶과 육체를 선택할 수 있죠. 아마 그 육체에 장애가 있어서 항상 자신을 위해 뭔가를 해줄 누군가를 기다리지 않으면 안 될지도 몰라요. 혹은 반려인이 육체에 장애가 있어서 그 동물에게 참고 기다릴 것을 요구하는 경우도 있겠죠.

로렌: 그렇구나. 다른 예를 하나 더 들어줄래?

루: 그러죠. 엄마를 예로 들어볼게요. 예전에 하던 일은 엄마의 천직이 아니었잖아요. 제가 엄마의 인생에 나타나서 엄마를 가야할 곳으로 돌려놓았기에 마침내 천직을 찾게 된 거죠.

로렌: 그래, 맞아. 그것에 대해 너에게 감사하고 있어.

루: 무슨 말씀을요. 여러 과거 생에서와 마찬가지로 그 생에서도 엄마는 저를 도와주셨어요. 꼭 한 생에서가 아니더라도 언

제나 서로에게 이로움이 되지요. 늘 균형이 있어요. 주고, 받지요. 그것이 바로 우주가 존재하는 방식이에요. 균형. 좋음과 나쁨, 강함과 약함, 슬기로움과 어리석음.

로렌: 그러니까 너는 다음 생이 어떨지 대강 알고서 네 영혼이 깃들 육체를 선택하는구나.

루: 대충은 그래요. 그래야 우리 배움에 적합한 육체를 선택할 수 있죠. 다음 생에 대해 전혀 모른다면 우리 배움에 맞는 상황을 고를 방법이 없잖아요.

로렌: 그래. 그러면 삶과 죽음, 환생의 순환은 몇 번이나 계속되니?

루: 수백 번이요. 삶은 끝이 없어요. 삶은 엄마가 걸치고 있는 지상의 육체에만 한정되지 않기 때문이죠. 훨씬 그 이상이에요.

로렌: 동물들은 대개 이것을 알고 있는 것처럼 보이는구나. 지상의 육체를 떠나는 것에 대해서도 더 편안하게 느끼는 것 같고.

루: 그럼요. 우리는 대지와 하나이니까요. 대지는 우주와 하나이고요. 지구라는 배움터 밖에는 사랑 love─환희 bliss─조화 harmony가 있어요. 우리는 그것이 거기에 있음을 알고 그곳으로 돌아감을 항상 기뻐하지요. 그곳으로 돌아가는 것은 우리 자신에게로, 우리 모두인 바로 그 하나 the Oneness로 돌아가는 것이랍니다.

로렌: 루야, 고마워.

루: 별 말씀을요.

루가 말한 대로 이 '하나로 돌아감'이 아마도 제가 대화를 나눈 대부분의 동물들이 자신의 죽음이나 자기와 가까운 존재의 죽음을 기꺼이 받아들이는 이유일 것입니다. 제가 보아온 이런 상황의 예외는 뜻밖의 놀라움이 될 수밖에 없는 어린 동물들의 갑작스런 죽음이었습니다.

어려서 죽는 동물들 모두가 자신의 죽음에 놀라는 것은 아닙니다. 여기 태어난 지 7주 만에 죽은 새끼고양이 레이디 제인과 나눈 대화를 소개합니다. 저를 포함해 많은 사람들이 이 새끼고양이를 사랑했고, 살리기 위해 갖은 애를 썼지요.

새끼고양이 레이디 제인은 4장에서 더 깊이 탐구할 환생에 대해 언급합니다.

■ 레이디 제인 Lady Jane

로렌: 이렇게 돼서 정말 미안해. 클레어와 피트는 정말 속이 많이 상했단다. 너를 참 많이 사랑했잖아.

레이디 제인: 예, 그래요. 저를 위해 온갖 노력을 다 하신 것 알고 있어요. 그렇게까지 하지 않아도 됐는데.

로렌: 왜 그렇게 되었는지 아니면 무슨 일이 있었는지 말해줄 수 있겠니?

레이디 제인: 저는 짧은 삶을 살기로 되어 있었어요. 처음 지상에 태어났거든요. 그다지 마음에 들지 않으면 빨리 벗어날 수 있기를 원했던 거예요.

로렌: 정말 비범하구나. 그래, 또 무슨 생각을 했니?

레이디 제인: 저는 분명히 다시 돌아와서 머물 거예요. 아주 좋은, 사랑이 많은 사람들이 있으니까요.

로렌: 그래, 그런 사람들이 있지. 그래도 신중하게 사람을 선택하렴. 이 생이 너에게 긍정적인 배움의 경험이었다니 기뻐. 하지만 우리 대부분은 매우 힘들었단다.

레이디 제인: 어느 누구도 아프게 하고 싶지는 않았는데, 죄송해요. 그래도 아빠와 엄마는 모든 존재에게 각자의 길이 있음을 배울 수 있을 거예요. 그 목적이 항상 분명한 건 아니지만, 언제나 계획은 있죠. 금방은 아니라도 새끼고양이로 다시 돌아올 거예요. 그 정도만 알아요. 엄마와 아빠 그리고 저를 도와준 다른 모든 분들께도 감사하다고 전해주실래요? 짧은 시간이었지만 정말 많은 것을 배웠어요.

로렌: 사랑과 함께 가거라. 평화 속에서, 빛과 함께, 신과 함께 가거라.

레이디 제인: 고마워요. 안녕히 계세요.

로렌: 그래, 잘 가.

레이디 제인은 자신의 생이 짧을 것을 알았습니다. 죽음은 레이디 제인에게 놀라운 것이 아니었습니다. 그리고 자신이 다시 돌아올 것을 분명히 믿고 있었지요. 나이 들어 천수를 다한 죽음이 아니라 다른 이유로 어떤 존재를 잃으면 우리는 모두 고통스러워합니다. 그 존재를 대신해서 혹은 우리 자신이 손해를 보았거나 속은 것처럼 느끼지요. 이런 일은 자연의 질서에 어긋난 것처럼 보입니다. 그런데 레이디 제인과 제가 얘기 나눠본 다른 동물들은 의미 없는 죽음이나 헛된 삶이란 없음을 가르쳐줍니다. 우리 보살핌의 손길을 거쳐 가는 가장 어린 동물들조차도 목적의식과 자존감, 심지어는 성취감을 갖고 태어난다는 사실을 알면 정말 큰 위로가 됩니다.

두 마리 말과 나누었던 대화의 일부를 소개하고 싶군요. 첫 번째 말 다아시는 스물두 살에 안락사했습니다. 다음 대화에서 여러분은 쓰러진 다아시를 일으켜 세워 걷게 하려고 사람들이 와서 애썼다는 것을 아시게 될 겁니다. 사실 다아시는 너무 노쇠해서 일어설 수가 없었지요. 떠날 준비가 되어 있었던 겁니다. 두 번째는 엔젤과 나눈 대화입니다. 엔젤은 대화할 당시 살아 있었고, 다아시와 거의 22년을 동고동락했지요. 그 둘은 제 친구이자 사업동료인 데비 포츠와 함께 살았습니다. 다아시와 엔젤은 제 친구이기도 했기 때문에 저는 반려인을 대신하지 않고 직접 대화했습니다. 다아시를 안락사시킬 수밖에 없다는 소식을 들었을 때 안타깝게도 데비와 저는 유타 주의 베스트 프렌즈 동물보호구역에서 강좌를 진행하고 있었지요. 다아시가 사망하고 몇 시간 지난 후 제가 묵고 있던 방에서 나눈 대화입니다.

■ **다아시** Darsie

로렌: 다아시야, 거기 있니?

다아시: 예에. 와! 육체가 없는 이 상태는 달라요. 아주 오랫동안 지상의 육체 안에 있었잖아요. 지금은 정말 가볍고 자유롭게 느껴져요.

로렌: 데비와 해리는 너를 얼마나 사랑했는지 알아주길 바란단다.

다아시: 알죠. 저도 역시 엄마 아빠를 사랑하잖아요. 우리는 함께 행복한 삶을 살았죠, 그렇지 않나요?

로렌: 그럼, 나도 너와 엄마 아빠가 함께한 삶이 행복했다고 믿어. 데비는 사람들이 너를 돕기 위해 할 수 있는 온갖 노력을 했다는 사실을 네가 알아줬으면 해.

다아시: 예, 알고 있어요. 이제 그건 중요하지 않아요. 사람들이 저를 일으켜 세울 수 없을 것 같아서 마음이 쓰였죠. 이번에는 다르게 느껴졌거든요. 더 지쳐 있었고요. 떠날 준비가 다 되어 있었어요.

로렌: 데비는 그 자리에 함께 있고 싶었는데, 떠날 때 곁에 있어주지 못해서 정말 미안해하고 있단다.

다아시: 엄마는 늘 저와 함께 있어요. 엄마는 언제나 제 마음속에 간직하고 다닐 빛, 선물이죠. 우리는 서로에게 선물이었어요.

로렌: 뭔가 더 하고픈 말이 있니?

다아시: 여기는 평화로워요. 와서 저와 함께해요. 그때를 기다리고 있을게요!

로렌: 그렇게 전할게, 다아시. 네가 여행하는 동안 우리는 너에게 사랑과 빛을 보낼게.

다아시: 고마워요. 저는 두렵지 않아요.

"떠날 준비가 다 되어 있었어요", "정말 가볍고 자유롭게 느껴져요", "저는 두렵지 않아요"라는 다아시의 말을 기억해주세요. 이제 다아시의 친한 친구인 엔젤의 말을 들어보시지요.

■ **엔젤** Angel

로렌: 엔젤아, 로렌이야.

엔젤: 예, 안녕하세요.

로렌: 넌 괜찮니? 다아시에게 무슨 일이 일어났는지 아니?

엔젤: 떠나야 할 때가 왔죠. 정말 아주 슬퍼요. 그렇게 오랫동안 한 가족으로 지내왔는데…….

로렌: 다아시는 네 걱정을 하고 있어.

엔젤: 저는 괜찮아요. 한동안은 슬프고 외롭겠지만.

로렌: 다아시가 죽기 전에 함께 있었던 사람들이 도와주려고 애썼다는 걸 알고 있겠구나.

엔젤: 알고말고요. 그 사람들은 이해할 수 없겠지만 그냥 놓아 버려야 할 때도 있어요. 우리가 대항할 수 없는 자연의 질서가 있잖아요. 다아시는 이미 너무 지쳐 있었어요. 저 역시 다아시를 일으켜 세우려고 했죠. 사람들이 오기 전에 다아시에게 일어나보라고 간절히 애원도 해보았어요. 하지만 숨이 다했었죠. 다아시가 떠나기 전에 이야기를 나눌 기회는 있었어요.

로렌: 사랑하는 친구와 그런 시간을 가질 수 있어서 참 좋았겠구나.

엔젤: 할 말이 너무 많기도 하고, 전혀 없기도 했어요.

"할 말이 너무 많기도 하고, 전혀 없기도 했어요." 다아시와 마찬가지로, 엔젤도 다아시 죽음의 평온한 불가피성을 알고 이해하고 있었습니다. 거기에는 받아들임이 있었고, 무섭고 두려운 느낌은 전혀 없었지요. 평생을 같이해온 친구의 죽음으로 인한 상실감은 분명히 있었지만 죽어가는 존재나 남는 존재 모두에게서 두려움은 느낄 수도 들을 수도 없었습니다. 다아시의 말을 기억하시죠. "여기는 평화로워요. 와서 저와 함께해요. 그때를 기다리고 있을게요." 물론 다아시가 자신이 사랑하는 모두에게 그 자리에서 죽어서 자신에게 오라고 말하는 것은 아닙니다. "나는 기다리고 있을게요"라는 말은 "때가 되어 당신이 여기에 오면 나는 당신을 만날 거예요. 여기는 정말 놀라운 곳이거든요"라는 뜻이지요. 때가 되어 죽음이 찾아와 우리가 고향으로 돌아갈 때를 알려준다면 그보다 완벽한 것이 있을까요? 육체의 세계에서 우리는 사물을 좋고 나쁨으로 봅니다. 영혼에게는 오직 배움만 있을 뿐이지요.

Chapter 2

죽음의 과정

"죽음에 완벽한 때란 없어요."

내 삶은 거의 끝났어요. 지쳤어요.
친구들과 함께 있고 싶어요.
친구들은 여기에서 나를 기다리고 있군요.

Chapter 2

　사랑하는 대상의 죽음을 준비한다고 한들, 우리는 정말 준비할 수 있을까요? "이런 날이 올 줄 알았어. 그런데 오늘이 바로 그날이 될 줄이야"라고 말하지요. 많은 사람들은 죽음 너머의 것을 두려워하기 때문에 삶에 집착하지만, 거의 대부분의 동물들은 그런 두려움을 갖고 있지 않습니다. 보통 그들은 육체의 죽음이 찾아오기 훨씬 전에 정신적으로나 영적으로 자신의 죽음에 대해 준비가 되어 있지요. 제가 대화를 나눠본 동물 가운데는 길게는 세상을 떠나기 1년 전부터 떠남을 준비하면서 지상에서 하고자 했던 일들을 마무리한 동물도 있습니다. 아마도 그들은 생의 어떤 배움을 끝마칠 필요가 있었나 봅니다. 아니면 아마도 함께했던 사람들이 그 이

별을 준비하도록 도와줄 필요가 있었는지도 모르지요. 그들은 거의 늘 더 큰 그림에, 영혼의 세계로의 불가피한 이동과 고향으로 돌아가는 여행에 눈길을 두고 있습니다. 그래서 사랑하는 누군가를 떠나보내는 일이 우리에게는 그렇게 아주 힘들지만, 동물들이 자신의 죽음을 담담히 받아들이는 것을 보고 위안을 얻는 사람도 많지요.

저와 함께했던 동물들에게는 인간의 경우와 마찬가지로 육신의 세계에서 저세상으로 옮겨가는 것을 도와주기 위해 그들을 기다리는 '트랜지션 팀transition team'이 있습니다. 이들은 이번 생이나 전생에서 여러분의 동물 친구가 알고 지냈던 동물, 때로는 인간인 영혼들이지요. 사람들이 세상을 떠날 때, 먼저 세상을 떠난 배우자나 부모 또는 친한 친구가 그들을 고향으로 데려가기 위해 죽기 바로 직전에 찾아온 것을 보았다는 이야기를 흔히 들었을 겁니다. 인간이 죽을 때 마중 나오는 집단에 종종 동물이 있는 것처럼 동물의 경우에도 세상을 떠날 때 인간 친구들이 함께하는 경우가 있습니다.

저는 사랑하는 말라뮤트 친구인 루의 죽음에서 이 경험을 직접 했습니다. 1장에서 소개한 루는 태어나서 10년 동안 아버지와 살았는데, 아버지와 루는 여러 생을 함께한 아주 가까운 인연이었지요. 예기치 않게 아버지가 돌아가시자 루는 우리집으로 오게 되었고 큰 환영을 받았습니다. 루는 육체와 영혼이 모두 훌륭하고 매우 아름다운 개였지요. 나이가 들어 육체에 문제가 하나둘 생기자 저는 루가 노쇠해가는 육체에 적응하는 것을 돕기 위해 텔링턴 티터치(Tellington TTouch: 몸의 두려움과 긴장을 풀어주기 위해 새로운 신경경로를 자극하고 세포 수준에 영향을 주는 보디워크의 한 종류)를 배웠고, 루가 암 진단을 받았을 때 루의 육체와 감정의 요구를 놓치지 않기 위해 애니멀 커뮤니케이션을 배우기 시작했습니다. 루 덕분에 저는 기업 마케팅 세계에서 나와 동물과 그 반려인들을 위해 봉사하는 완전한 직업전환을 하게 된 것입니다. 마침내 루가 그 고통스러운 육체를 떠나는 것을 도울 때가 왔을 때 저는 영능력을 가진 친한 친구를 불러 그 자리에 함께 있게 했습니다. 수의사보다 먼저 도착한 린은 우리 아버지가 그 방에 함께 계시는데 루를 고향으로 데려가기 위해 오셨다고 말했습니다. 당신이 사랑하는 친구의 고향으로 돌아가는 마지막 여정을 도우러 오셨을 그때가 제 생에서 아버지의 현존을 느낄 수 있었던 가장 감동적인 체험 가운데 하나였습니다. 루의 죽음으로 엄청난 충격에 휩싸인 저는 어찌할 바를 몰랐지만 제 삶에서 큰 비중을 차지하는 두 존재가 다시 만났음을 알고 가까스로 위안을 찾았지요. 그 후 루는 저의 애니멀 커뮤니케이션 가이드 가운데 하나가 되었고, 특히 죽은 동물과 연결하려고 할 때나 아직 지상에 있으면서 곤경에 처해 있는 동물을 도우려고 할 때 저는 루에게 부탁합니다. 루의 안내와 지혜는 저에게 대단히 귀중합니다.

동물과 텔레파시로 대화할 때 저는 대부분 의뢰인을 대신해서 대화합니다. 대부분의 질문이 의뢰인의 것이라는 뜻입니다. 제가 동물의 반려인을 대신해서 마치 의뢰인이 그 동물에게 말하는 것처럼 일인칭으로 질문한다는 뜻이지요. 때로는 보다 상세하고 명확한 답을 얻기 위해 제가 직접 질문을 하기도 합니다. 평상시처럼 동물의 반려인을 대신해서 이야기하는 동안에 가끔씩 마치 제가 그 동물에게 직접 말하고 있는 의뢰인인 것처럼 일인칭으로 질문한다는 뜻이지요. "네가 지금 어떻게 느끼고 있는지 알고 싶어"라든가 "네가 행복한지 알고 싶어" 이 두 가지가 가장 흔히 하는 질문입니다. 이런 식으로 대화하는 것이 "네 엄마가 ~을 너에게 물어봐달라고 나에게 부탁했어"라는 식의 접근보다 훨씬 더 친숙한 분위기를 만들 수 있지요. 만약 제가 그 동물을 잘 알거나 동물의 반려인이 제 친구라면 반려인을 대신하기보다 그냥 제 자신으로 말하는 경우도 있습니다. 반려인이 반려동물에게 말할 때 자신을 엄마나 아빠라고 칭하는 일이 흔하고 동물들 역시 그 방식을 자연스럽게 받아들인다는 사실도 알아두세요. 그렇지 않은 경우에는 동물과 사람이 이름이나 별명으로 서로를 부르기도 합니다.

다음은 잭이라는 개와 나눈 대화의 내용입니다. 잭이 삶과 죽음, 환생에 대한 동물의 관점을 이해하는 데 핵심이 되는 여러 개념을 말하고 있기 때문에 저는 이 대화를 특히 좋아합니다. 잭의 지혜는 육체의 완전한 기능 정지 외에 떠남을 도와주기 위해 찾아오는 집단, 그리고 앞으로 다른 장에서 좀 더 자세히 살펴볼 몇 가지 새로운 주제를 언급합니다. 이 대화에서 저는 잭의 엄마인 게일을 대신해 이야기합니다.

■ **잭**Jack

로렌: 지금 네가 있는 곳에 대해 이야기해줄래?

잭: 여기는 평화가 가득해요. 따뜻하고 안전해요. 엄마가 그리울 때는 엄마와 함께 산책하는 상상을 할 수 있어요. 참 좋아요. 우리는 둘 다 그때를 그리워하고 있잖아요. 그렇죠?

로렌: 그래, 나도 정말 그리워. 지금 있는 곳에 친구는 있니?

잭: 많이 있어요. 음…… 친구, 그리고 인간과 동물 소울메이트들도 있지요. 원하면 혼자 있을 수도 있고요. 아주 쉽게 다른 존재들과 함께 있을 수도 있어요. 여기서는 어느 누구도 결코 외롭지 않아요. 할 일은 있지만 항상 흥미롭고 즐겁죠.

로렌: 어떤 종류의 일을 하니?

잭: 으음…… 잭으로 산 삶을 살펴보고 어떤 일이 있었는지, 어떻게 되었는지 그리고 무엇을 더 배워야 하는지 되돌아본답

니다.

로렌: 배워야 할 것들은 배웠니? 배운 게 있었다면 무엇이었니?

잭: 충직함에 대해 배웠죠. 독일 세퍼드는 그것으로 유명하잖아요. 저도 그걸 배울 필요가 있었죠.

로렌: 참 놀랍구나. 너는 내가 어떤 교훈을 배우도록 도왔니?

잭: 엄마는 영혼의 발전과정에서 흥미로운 단계에 있어요. 더 고귀한 수준으로 가고 있지요. 제가 엄마에게 가르쳐드릴 수 있는 것 중에서 많은 부분을 엄마는 지금 저의 죽음에서 배울 수 있어요. 항상 보다 큰 그림, 영혼의 목적에 초점을 맞추세요. 삶과 죽음을 다른 관점에서 봐야한다는 뜻이죠.

로렌: 어떻게 해야 그렇게 할 수 있을까?

잭: 영혼에 집중하세요. 저는 생생히 살아 있어요. 우리의 길은 다시 서로 만날 거예요. 이 슬픔은 모두 육체에만 있는 것인데, 엄마는 더 이상 존재하지 않는 육체 때문에 애통해하고 계시잖아요. 모든 것을 떠나서 존재의 진수(영혼) 안에서 기뻐하세요.

로렌: 고마워. 정말 도움이 되는구나. 넌 아주 지혜로운 것 같아. 네가 인간이었던 적도 있니?

잭: 예, 한 번요. 동물인 것보다 훨씬 복잡하고 힘들어요.

로렌: 그래, 나도 확실히 그렇다고 생각해! 지상에서는 몇 번쯤 살았니?

잭: 아, 분명히 백 번도 넘을 거예요.

로렌: 언제 돌아올 거니?

잭: 지금 당장 그런 계획은 없어요.

로렌: 우리는 다른 생에서 서로 알던 사이니?

잭: 그럼요. 우리는 여러 번 함께 여행했었죠. 마지막으로 같이 여행한 때가 아주 오래전이에요. 그때 저는 흰색 긴 털 고양이였고, 엄마는 여자였죠. 우리는 같이 늙어가며 즐겁게 삶을 함께했어요.

로렌: 얼마나 좋았을까. 네가 여기에 있어서 계속 이 삶을 함께 했으면…….

잭: 으음…… 저는 지금 영적인 길을 가고 있는 것 같아요.

로렌: 그래, 거기가 그런 곳이구나. 너의 죽음에 대해 좀 얘기하고 싶은데……. 너를 너무 오래 붙들고 있었던 게 아닌가 하는 자책감이 든단다. 마지막 며칠 동안 너는 계속 울었잖아. 고통스러웠니?

잭: 기능을 하나둘 정지하느라 육체가 힘든 시간이었죠. 통증은 없었어요. (육체를 떠나기 위해 준비하면서 영혼이 육체를 많이 벗어나 있었기 때문에 통증을 느끼지 않았음을 의미합니다.) 저를 떠

나보내기 전에 엄마가 할 수 있는 모든 것을 다 했다고 느끼는 것도 중요했어요. 너무 오래 붙들었던 게 아닌가 하고 지금 걱정을 하다니요? 아니에요. 그건 옳지 않아요. 죽음에 완벽한 때란 없어요. 삶에서 다른 존재들이 관련되어 있을 때는 더욱더 복잡해지는 법이에요.

로렌: 왜?

잭: 으음…… 이 경우에 저의 타이밍과 엄마 아빠의 타이밍이 있잖아요. 이 모두가 가능한 한 최선으로 함께 만나지요. 항상 순조로운 것은 아니지만 그때는 괜찮았어요.

로렌: 왜 그렇게 울부짖었던 거니?

잭: 기능이 완전히 정지되면서 제가 육체를 떠나는 과정이었다고 생각해요. 때로는 동물들이 자신을 육체에 매어두기 위해서 울거나 소리를 내기도 해요.

로렌: 그렇구나. 떠날 때 내가 함께 있었던 것 알았니?

잭: 그럼요.

로렌: 너를 보살피기 위해 늘 온 정성을 쏟았는데.

잭: 정말 잘 해주셨지요. 아주 감사하고 있어요. 정말로요.

로렌: 발작이 왜 일어났는지 아니?

잭: 육체를 정지하는 과정이었어요(육체의 어떤 부분은 갑자기 정지됐습니다).

로렌: 그때 너는 떠날 준비가 다 되었던 것이로구나.

잭: 예, 맞아요.

로렌: 누가 너를 맞이하러 나왔니?

잭: 한 마리 검은 고양이, 전에 함께 지냈던 사람들, 한 마리 오렌지색 고양이, 한 마리 새와 어떤 개 한 마리. 여럿이 나왔어요. 여기에서는 결코 혼자가 아니에요.

로렌: 반가운 소리구나. 그렇다니 나도 기뻐. 우리가 만나기 전에 네가 어떻게 지냈는지 좀 궁금해.

잭: 아, 으음…… 엄마를 찾기 위한 도정에 있었다고 말할 수 있을 것 같아요. 친절한 거리 사람들과 함께 살았는데 제가 가야 할 운명의 삶이 아니었죠. 그래서 저를 붙잡고 있던 그 끈을 풀어버리고 달아났던 거예요.

로렌: 그랬다니 정말 기쁘구나!

잭: 저도 기뻐요.

로렌: 하고 싶은 말이 있니?

잭: 엄마 마음속에 제가 그런 곳을 만들어 놓았다니 감동이에요. 정말 좋은 선물이죠. 자 그럼 이제 그 빛과 사랑의 장소로 가세요. 거기에 계시면 훨씬 더 기분이 좋을 거예요. 저는 지금 빛으로 된 존재예요. 저에게 그곳은 평화와 사랑만이 가득해요. 저와 함께하세요.

로렌: 그래, 그럴게. 정말 고마워. 사랑해, 언제까지나.

잭: 정말이에요. 그 사랑은 결코 변하지 않지요.

로렌: 그럼 이제 안녕.

잭: 예, 우리가 다시 만날 때까지 아니면 다시 이야기를 나눌 때까지, 안녕히 계세요.

보다 자세히 말씀드리고 싶은 몇 가지 개념이 잭과의 대화 속에 있습니다. 첫 번째는 육체를 정지하는 데는 시간이 걸린다는 것입니다. 종종 육체는 영혼이 떠날 준비가 되기 전에 다하기도 하지만 보통은 그 반대입니다. 대개 동물은 감정적으로 영적으로 육체를 벗어날 준비가 된 상태에서 시간을 끕니다. 왜 그럴까요? 두세 가지 이유가 있다고 생각합니다. 이 지구에서 살아가는 존재로서 인간과 동물은 예민한 생존 본능을 가지고 있습니다. 만약 수영을 하다 물속을 구경하려고 잠수를 하면 몸은 공기가 필요할 때를 알려줍니다. 그러면 우리는 최대한 빨리 수면 위로 헤엄쳐 올라옵니다. 이것은 '아이고, 이젠 숨을 좀 들이마셔야겠구나'라고 머리가 생각하는 것이 아니라 몸이 본능적으로 반응하는 것이지요. 따라서 육체의 다양한 요소를 정지하는 데는 시간이 걸립니다. 죽음이 연로한 결과이든, 질병이나 상해로 인한 것이든 육체의 어떤 부분은 계속 작동하며 최대한 오래 계속 작동하도록 프로그래밍이 되어 있습니다.

여러분 가운데는 동물 친구가 급격히 쇠약해지기 하루나 이틀 전쯤에 갑자기 엄청난 에너지를 발산하는 것을 본 일이 있을 겁니다. 저도 개인적으로 이런 경험을 여러 번 했는데 항상 이 현상이 혼란스럽게 느껴졌습니다. 그 동물이 회복되거나 안정된다고 생각하고 있다가 결국 실망만 하고 말았지요. 스쿠너라는 이름의 개와 나눈 대화는 마침내 이 갑작스런 '생명의 격발 burst of life'에 관해 한 가지 설명을 제공해주었습니다. 제가 의뢰인 에린을 대신해서 이야기하고 있는 중간으로 들어가 보시지요.

- **스쿠너** Schooner

로렌: 수술을 예약한 것과 너의 죽음이 관계있니?

스쿠너: 그렇다고 할 수도, 그렇지 않다고 할 수도 있어요. 어쨌든 죽음의 시각은 아주 가까이 와 있었어요. 죽을 때 정확한 시간이 있는 건 아니죠. 정해진 날이나 시간이 없어요. 그래서 저는 해야 할 것들을 다 마친 다음 떠났어요.

로렌: 그런데 심장이 멎기 전에 너는 아주 건강하고 장난기가 넘치는 것처럼 보였어.

스쿠너: 생명의 격발이 일어나는 일은 드물지 않아요. 그것은 몸속에 들어 있는 세포의 기억 같은 거예요. 재미있지만 지

속되지는 않죠.

로렌: 그러니까 수술한다는 상황이 너를 떠나게 만들었다는 말이구나.

스쿠너: 그것(생명의 격발)을 유지할 수 없다는 것을 엄마에게 보여드릴 필요가 있었죠. 그건 진짜가 아니었거든요. 마지막으로 육체의 기쁨을 경험하고 싶었어요.

제이크는 열네 살 가량의, 영혼이 아주 진화된 골든 리트리버였지요. 제이크의 가족들은 저를 불러 그가 세상을 떠나는 과정에서 어디쯤 있는지, 원하거나 필요로 하는 것이 있는지 알아봐달라고 부탁했습니다. 가족들을 대신해 제이크와 나눈 이야기의 중간 부분을 소개합니다.

■ **제이크 Jake**

제이크: 늙어서 겪는 고통 외에 다른 통증은 없어요.

로렌: 그래서 지쳤다고 말하는구나. 좀 더 이야기해보렴.

제이크: 육체의 기능을 정지하는 데는 한참이 걸려요. 사람들은 죽음의 과정이 어떨지 잘 모르겠지만.

로렌: 그래, 그래. 그런데 너의 영혼은 육체를 떠날 준비가 되었니?

제이크: 예, 거의 다 되었어요.

로렌: 네가 준비가 다 되었다는 것을 우리가 어떻게 알 수 있겠니?

제이크: 아무것도 먹지 않으면서 저는 기능을 정지하기 시작할 거예요. 그렇게 느리지 않으면 좋겠는데.

로렌: 그럼 네 영혼은 준비가 다 되어 있고 육체가 준비되기를 기다리고 있는 거니?

제이크: 예, 그래요. 끝마쳐야 할 일도 몇 가지 있었고요. 가족 모두가 준비되길 기다리고 있었어요.

로렌: 우리가 얼마나 너를 사랑하는지 알았으면 좋겠어. 가야 할 때가 되면 떠나기 바란다.

제이크: 고마워요. 그 말이 도움이 돼요. 엄마를 떠난다는 것 때문에 걱정하고 있었는데. 엄마와 가족들이 슬픔에 젖어 저를 걱정한다는 것, 알고 있어요.

로렌: 그래. 말할 것도 없이 우리는 슬프고 너를 걱정하고 있단다. 하지만 시작과 끝이라는 세상사의 자연적인 순환을 받아들이고 있어.

제이크: 그래요, 좋아요. 도움이 되네요. 전처럼 돌아다닐 수도 냄새를 맡을 수도 없어서 불만이지만, 사물을 느낄 수는 있어요. 얼굴에 닿는 따스한 햇살, 털을 간질이는 보드라운 바

람의 속삭임은 느낄 수 있죠. 그래도 삶의 신나는 즐거움, 아마도 젊음의 활기 넘치는 기쁨 같은 것은 이제 없어요.

가족들은 제이크가 자주 멍한 모습으로 있는 것을 발견했습니다. 그것은 마치 텅 빈 누군가의 눈을 들여다보는 것 같았습니다. 이런 현상은 고통을 겪고 있는 동물에게 드문 일이 아니지요. 그들의 영혼은 육체를 떠날 수 있어서 필요에 따라 들어왔다 나갔다 하면서 가까이 머무르고 있습니다. 나이 든 동물이나 연세 드신 분과 살아본 적이 있는 사람들은 언제 그들이 온전히 함께 있는지 그렇지 않은지를 느낄 수 있었을 거예요. 육신의 불편으로 고통 받는 쪽보다 어느 정도 육체를 떠날 수 있는 것은 좋은 일입니다. 잭이 자신의 육체가 정지하는 동안 비록 몸은 발작을 경험하고 있었지만 자신은 아무런 고통도 느끼지 않았다고 한 것은 바로 이것을 말한 것입니다. 제이크 역시 때때로 이렇게 육체를 벗어날 수 있는 기회를 잘 이용했지요.

제이크와의 대화 뒷부분에서 저는 그에게 안락사의 가능성에 대해 말했습니다. 가족들은 제이크가 스스로 떠날 수 있기를 바랐지만 고통 받는 것을 원하지 않았기 때문에 제이크의 의사를 물어봐달라고 부탁했습니다. 제이크는 자신이 고통 받기 시작하면 도와주길 바란다고 하면서 그보다는 먼저, 가족들이 보낼 준비가 되었는지 확인하기를 원했습니다.

Chapter 3

떠나보냄과 사랑의 본질

"행복하고 기뻐요. 자유롭고요.
고향에 돌아왔어요."

사랑한다는 말 외에
무슨 말을 해야 할지
모르겠어요.

피할 수 없이 우리가 해야 하는 가장 어려운 일 가운데 하나가 사랑하는 누군가를 육체적으로 감정적으로 떠나보내는 일입니다. 루를 떠나보내야 할 때를 분명하게 알 수 있었던 것에 저는 아주 감사하고 있습니다. 루가 육체적으로 고통 받고 있다는 사실을 눈으로 보고 알 수 있었고, 루가 떠나고 싶어 한다는 것을 대화로 확인할 수 있었지요. 안타깝게도 그 때라는 것이 항상 명확하지는 않습니다. 수의사에게 전화해야 할 때가 언제인지 판단이 서지 않아 마음 졸이며 시간을 보낸 분들도 많을 겁니다. 저도 그랬습니다. 너무 오래 붙들고 있었던 건 아닐까? 너무 빨리 보내버린 건 아닐까? 이렇게 고민스러운 때에 애니멀 커뮤니케이션은 상당히 도움이 될 수 있지요. 저는 동물과 대화를 하여 그 동물이 떠날 준비가 되었는지 아닌지에 대한 구체적인 정보를 얻습니다. 제가 대화해 본 동물들 가운데는 죽음을 맞이하는 장소(보통 집에서)와 이세상을 떠나는 순간에 함께 있어주었으면 하는 사람들에 대한 바람을 표현하는 동물도 있고, 자신의 유해나 유골이 뿌려지길 원하는 장소에 대해 의견을 갖고 있는 동물도 있습니다.

여러분의 의사결정에 도움이 되도록 애니멀 커뮤니케이션을 사용하든 하지 않든 동물 친구에게 자신이 준비가 되었을 때 떠나면 된다고 말해주는 것은 대단히 중요합니다. 여러분이 직접 말하면 됩니다. 여러분의 동물은 여러분이 말하는 것을 알아듣습니다. 참으로 어려운 부분은 여러분이 마음의 준비가 되어 있어야 한다는 거예요. 그렇지 않으면 동물들은 압니다. 반려인이 떠나보낼 준비가 되기를 기다리면서 시간을 끌고 있는 동물들도 적지 않습니다.

카렌이라는 의뢰인을 대신해 나눈 대화의 일부를 한번 보시지요. 카렌은 친구였던 개 키키의 건강상태가 점점 더 나빠지고 있었기 때문에 떠나보내는 과정에서 키키가 어디쯤에 있는지 좀 더 명확히 알고 싶어 했습니다.

■ **키키** KiKi

로렌: 너는 지금 저세상으로 가는 과정에서 어디쯤에 있니?

키키: 아시겠지만 상당히 가까워요. 하지만 괜찮아요. 육체 차원에서 우리 둘 다 이 변화를 받아들이기는 어렵겠죠. 그래도 저는 항상 엄마의 마음속에 간직할 빛이 될 거예요.

로렌: 그래. 언제까지나 너와 함께할게.

키키: 그래요. 바로 그거예요.

로렌: 고통스럽지는 않니?

키키: 그렇게 많이는 아니고요. 좀 피곤해요.

로렌: 네가 떠날 준비가 되었다는 걸 어떻게 알 수 있을까? 준비가 되면 떠나도 나는 괜찮다는 것을 네가 알았으면 해.

키키: 고마워요. 엄마가 괜찮다는 사실은 아는 것은 중요하죠. 제가 육체를 벗어나기 시작하면 엄마는 제 몸에서 생기가 빠져나가는 걸 보실 거예요. 몸은 기운이 없어지고, 눈에서 빛은 사라질 거예요. 이미 저는 몸 밖에서 시간을 많이 보내고 있어요.

로렌: 그래, 네가 말하는 것을 느낄 수 있을 것 같아. 그게 네가 저세상으로 옮겨가는 과정을 수월하게 해주겠구나.

키키: 예. 그리고 저세상에서 저를 기다리고 있는 존재들도 있어요(트랜지션 팀: 저세상에서 마중 나온 영혼 그룹).

로렌: 그렇구나. 너를 떠나보내는 장소는 병원이 좋을까 아니면 집이 좋을까? 너는 어느 쪽이 좋니?

키키: 물론 집이죠. 할머니(카렌의 어머니)도 계셨으면 해요. 그리고 엄마를 도와줄 다른 사람을 부르셔도 돼요. 평화 속에서 사랑으로 둘러 싸여 있고 싶어요.

키키는 이 세상을 떠날 시간이 왔을 때 엄마가 자신을 보낼 준비가 되었다는 말을 듣는 것이 얼마나 중요한지 말했습니다. 또 몸 밖에서 시간을 보내는 것과 트랜지션 팀에 대해 다시 알려주었고, 선택할 수 있도록 의견을 물었을 때 어디서 죽음을 맞이하고 싶은지 어떻게 떠나고 싶은지에 대해 말해주었지요. 사랑하는 동물에게 최후의 순간을 어디서 맞이하고 싶은지 그리고 누구와 함께 보내고 싶은지 선택할 수 있게 하는 것은 정말 멋진 선물이 아닐까요. 물론 우리가 항상 이것을 준비해 둘 수 있는 것은 아니지만 말입니다. 우리 고양이 고든이 림프종으로 앓고 있을 때의 일입니다. 우리는 더 이상 어찌할 수 없을 때 수의사를 집으로 부를 생각이었지요. 마침내 어느 날 아침 고든이 토하기 시작했고 고통 받고 있는 것이 분명해서 황급히 수의사에게 데려갔는데, 바로 그를 떠나보내야 할 때였던 겁니다. 제 동반자가 빨리 동물병원으로 올 수 없었기 때문에 고든의 최후는 우리가 바랐던 그런 평화로운 떠남이 못되었지요. 그래서 저는 매우 언짢았고 고든에게 아주 미안해서 고든이 세상을 떠나고 한 주 정도 지났을 때 이 이야기를 꺼냈습니다. 고든은 "괜찮아요. 엄마 아빠 모두 저와 함께 계시는 것을 느낄 수 있었어요. 아무튼 저는 육체 안에 정말로 많이 있지 않았거든요. 육체를 벗어나는 것은 아주 기분 좋은 일이었어요."

육체를 벗어나는 것은 정말 아주 기분 좋습니다. 저는 임사체험을 한번 한 일이 있는데 육체에서 해방되는 그 느낌을 처음 경험했습니다. 지금 생각해보면 심한 천식발작이었던 것 같은 그 일이 일어났을 때 저는 대학 기숙사 방에서 곤히 자고 있었습니다. 한번도 그런 일을 겪은 적이 없었기 때문에 가슴팍이 조이기 시작하고 양쪽 콧구멍이 막혀 숨쉬기가 힘들어지자 저는 어찌할 바를 몰랐지요. 그저 복도 끝에 있는 공동 샤워장으로 가서 가슴 속으로 수증기를 좀 들이마셔야겠다는 생각만이 전부였습니다. 간신히 샤워장으로 가서 온수 수도꼭지를 틀었던 것은 기억하지만 곧 정신을 잃었던 것 같습니다. 그 다음으로 기억하는 것은 제 몸이 깨끗한 온수로 씻기는 것을 내려다보면서 그 위를 둥둥 떠다닌 일입니다. 혼란스럽기도 했지만 제가 있는 곳이 어쩐지 편안하다고 느끼며 행복했습니다. 어쨌든 그때 저는 육신을 버리고 저세상으로 떠날 수 있는 선택권을 가지고 있다는 것을 알고 있었지요. 심한 유혹을 느꼈지만 이 생에서 완수해야 할 것들을 다 마치지 못했다는 느낌을 떨쳐버릴 수가 없어서 몸으로 돌아가고 싶은 바람을 표현했던 것을 분명하게 기억합니다. 아무튼 그 시점에서 저는 제 자신에게 돌아왔고 젖은 상태로 물을 뚝뚝 흘리며 서서 수도꼭지를 잠그고 제 방으로 와 잠옷을 갈아입고는 다시 잠자리에 들었습니다.

그 온수로 인해 좋지 않은 어떤 영향도 없었으며 저의 가슴과 콧구멍은 말짱해졌습니다. 말 그대로 저를 죽음으로 몰고 가던 발작의 신체적 잔류 흔적이 전혀 없는 것 같았지요. 그후에도 몇 년간 저는 그런 발작으로 몇 번 더 고통 받았습니다. 어떤 경우에는 폐의 수축을 완화하기 위해 흡입기를 필요로 할 때도 있었는데, 폐와 콧구멍이 정상으로 돌아오는 데는 언제나 적어도 한 시간이 걸립니다. 임사체험 동안 제 몸 위에 둥둥 떠 있으면서 경험했던 그런 해방감과 가벼움 그리고 기쁨의 느낌들은 결코 잊지 못할 것입니다.

어떤 사람에게 안락사는 힘든 선택입니다. 이것은 사물의 자연스러운 질서에 위배된다거나 심정적으로 친구의 생명을 끝나게 할 수 없다는 그 사람의 종교적 신념이나 관념 때문일 수도 있습니다. 우리는 모두 자연스럽게 떠나기를, 특히 자는 동안에 그렇게 되기를 바라지요. 하지만 안타깝게도 육체의 고통을 받고 있는 동물에게 자연스런 죽음과 '기분 좋은 해방sweet release'이 항상 바라는 대로 찾아오지는 않습니다. 의뢰인으로부터 안락사를 포함해 죽음에 관한 요구사항을 동물에게 물어봐달라는 부탁을 받으면 저는 제 머릿속에 저장되어 있는, 다리의 털을 깎고 도관을 삽입하는 등의 물리적인 과정을 설명하는 안락사에 관한 짧은 동영상을 그 동물에게 보여줍니다. 그러고 나서 다른 동물들이 저에게 알려주었고, 제가 임사체험에서 느꼈던 자유와 기쁨의 느낌으로 동영상을 마칩니다. 동물이 안락사의 과정과 그 마지막을 이해하는 것은 중요하다고 생각합니다. 그 과정과 마지막을 이해하고 나면, 그 동물과 반려인은 제대로 알고 선택할 수 있겠지요. 제 경험에서 보면 대다수의 동물들은 육체 안에서 고통 받는 것보다 육체를 벗어나는 쪽을 선택합니다.

사랑하는 동물을 너무 늦게 또는 너무 일찍 떠나보냈다는 고통에 잠겨 죄책감을 느끼시는 분들을 위해서 캐시를 대신해 세상을 떠난 캐시의 고양이 미키와 나눈 대화를 소개하고 싶군요. 새로운 연인과의 관계를 시작하는 단계에 있었던 캐시는 불안정했고 의지처로 미키가 필요하다고 느꼈지요. 그래서 미키를 지상에, 자신의 곁에 붙들어 두려고 온갖 애를 썼습니다. 그냥 놓아줄 수 없었던 겁니다. 결국 미키가 세상을 떠나게 되자 캐시는 미키가 너무 오래 육체에 갇혀 있어서 고통스러웠던 것은 아닌지 걱정하게 되었고, 죄책감을 느끼면서 지금 함께 살고 있는 동물들에게도 그 '실수'를 다시 범하게 되지 않을까 노심초사했습니다.

■ **미키** Mickie

로렌: 너를 고통스럽게 하면서 더 일찍 떠나보내지 못해서 미

안해.

미키: 죄책감 느낄 게 아무것도 없다는 걸 아시면서. 엄마는 인생의 전환점에 있었잖아요. 그렇게 되도록 이미 정해져 있었던 거예요. 지금 엄마의 삶이 얼마나 멋진지 한번 보세요. 크리스와 함께하는 엄마의 삶은 엄마가 원했던 많은 것을 충족시켜주고 있잖아요. 제가 채워드릴 수 없었던 외로움까지도요.

로렌: 하지만 너무 오래 너의 생명을 붙들고 있었어, 정말 미안해.

미키: 떠나보냄과 사랑의 본질에 대한 귀중한 교훈을 알려드릴게요. 사랑은 변하지 않고 영원하지요. 사랑은 시간도 국경도 모르고 우리가 살고 있는 육체와는 아무런 관계가 없어요. 엄마는 이 교훈만 배우고 나머지는 모두 놓아버려야 해요. 저는 행복하고 기뻐요. 자유롭고요. 고향에 돌아왔어요.

로렌: 돌아올 계획은 있니?

미키: 그럼요, 언젠가는요. 하지만 한동안은 아니에요. 지금도 엄마와 함께했던 삶에서 배우고 있는 걸요. 엄마도 아직 배우고 있다는 것을 알아요. 그 삶은 우리 둘 다에게 유익했어요. 균형을 찾으세요. 삶, 죽음, 병, 건강, 행복, 슬픔, 이 모두는 같은 것(삶의 일부분)이에요. 그 모두를 받아들이고 앞으로 나아가야 해요.

로렌: 너를 고통스럽게 한 나를 용서해줄 수 있겠니?

미키: 용서할 것은 아무것도 없어요. 엄마의 길을 가도록 돕는 게 그때 저의 길이었으니까요.

로렌: 고마워, 미키. 사랑해, 보고 싶어.

미키: 그래요. 엄마, 저에게 얘기하시면 돼요. 저는 엄마의 얘기를 듣고 있답니다.

로렌: 정말 고마워.

미키: 평안하세요. 저는 평안해요.

확실히 미키는 캐시가 죄책감을 느낄 만한 이유를 알지 못했습니다. 미키는 그 힘든 시기에 캐시를 돕는 것이 자신의 길이었다고 느꼈지요. 앞 장에서 반려인이 너무 길게 잭의 생명을 붙들고 있었다고 후회할 때 잭이 한 말을 기억해보세요.

"저를 떠나보내기 전에 엄마가 할 수 있는 모든 것을 다 했다고 느끼는 것도 중요했어요. 너무 오래 붙들었던 게 아닌가 하고 지금 걱정을 하다니요? 아니에요. 그건 옳지 않아요. 죽음에 완벽한 때란 없어요. 삶에서 다른 존재들이 관련되어 있을 때는 더욱더 복잡해지는 법이에요."

사랑의 본질은 불완전한 타이밍 같은 것은 뛰어넘습니다.

Chapter 4

환생

"우리는 전에도 함께했었죠.
그리고 다시 만날 거예요."

여기서 우리가 함께 걸어온
지상의 길이 끝나지만
우리가 함께하는 여정이
끝난 것은 아니랍니다.

우리는 다시 만날 거예요.

Chapter 4

　환생이란 무엇일까요? 간단하게 말하면, 영혼(또는 존재)이 새로운 육체로 다시 태어나는 것입니다. 영혼의 진화라는 목적을 갖고 계속 교훈을 배우기 위해 지상의 몸으로 돌아오는 일에 관한 것입니다. 환생을 받아들이는 종교도, 거부하는 종교도 있지요. 다른 많은 것들과 마찬가지로 이 주제에 관해 동물들은 종교적이 아니라 영적인 견해를 취합니다. 사실 동물들이 특정 종교를 신봉하지는 않는다는 것이 이제까지의 제 경험입니다. 고양이는 감리교 신자, 개는 유대교 신자, 라마는 불교도인 것은 아니라는 뜻이지요. 그들은 보다 절충적인 접근법을 갖고 있는 듯이 보입니다. 동물들은 자신들이 정말로 환생을 믿는다고 말하지요. 이미 우리는 1장의 루와 나눈 대화에서 환생이라는 이 주제를 언급한 적이 있습니다. 이제 이 흥미로운 주제를 좀 더 자세히 살펴보고 그와 관련된 사항 몇 가지를 탐험해보겠습니다.

오스트리아 원주민의 전통속담으로 추정되는 의미 있는 글이 있습니다. 대부분의 사람들은 그 원주민들이 대지나 동물들과 조화를 이루며 살고 있다는 점에 동의할 것입니다. 이것이 동물의 말을 직접 인용한 것은 아니지만, 동물의 관점을 아주 잘 요약하고 있다는 생각이 들어 여기에 소개하고 싶군요.

"우리는 모두 지금 여기를 들른 나그네
우리 모두는 잠시 머물 뿐
관찰하고, 배우고, 성장하고, 사랑하기 위해
그리고 나서 집으로 돌아가는 거야."

환생의 이론에서 영혼들은 저세상에서 알았던 다른 영혼들(동물이나 인간)과 만나는 삶을 경험하는 쪽을 선택하여 각자의 길을 가면서 서로를 돕습니다. 많은 사람들처럼 여러분은 어떤 사람이나 동물을 처음 만났는데도 이미 알고 있었던 것 같은 느낌이 들었던 때가 있을 겁니다. 아마 십중팔구 여러분과 그 대상은 저세상 아니면 다른 생애에서 만난 적이 있습니다.

부쉬웨커라는 이름의 개와 나눈 대화는 반려인인 셰리와의 멋진 전생 인연에 대해 이야기해줍니다. 시작할 때 부쉬웨커는 저에게 바로 말했습니다. 우리는 친구였고 그전에도 이야기를 나눈 적이 있거든요. 대화가 진행되면서 저는 셰리의 질문을 중간 중간에 넣고 셰리를 대신해 이야기하고 있습니다.

■ **부쉬웨커**Bushwacker

로렌: 부쉬웨커야 안녕.

부쉬웨커: 안녕하세요, 당신을 기다리고 있었어요.

로렌: 왜?

부쉬웨커: 제가 얼마나 기분 좋은지 제가 얼마나 행복한지 엄마가 아시길 바라거든요. 엄마에게 이것도 꼭 말해주세요. 엄마가 저를 필요로 할 때는 제가 가까이에 있다고. 그리고 머지않아 엄마가 저를 필요로 하게 될지도 모른다고요.

로렌: 엄마에게 반드시 그대로 전할게. 참 기특하구나. 엄마는 엄마와 아빠의 마음과 생각 속에 네가 영원히 있다는 사실을 전해달라고 부탁했어.

부쉬웨커: 예, 알고말고요. 아주 분명히 느낄 수 있어요. 엄마와 아빠는 제가 떠난 것에 익숙해지실 거예요.

로렌: 으음, 우리 인간은 시간이 걸린단다. 무엇보다도 아주 깊

이 사랑할 때는.

부쉬웨커: 당연하지요. 우리도 같아요. 사랑의 끈은 종種이 다르다는 이유로 제한되지 않아요. 공간과 시간의 차원에도 제한되지 않고요. 지금 제가 있는 곳의 사랑은 한계가 없어요.

로렌: 참으로 놀라워. 그런데 나와 함께한 과거 생에서 너는 사람이었니, 반려동물이었니? 어떤 존재였니?

부쉬웨커: 정글에서 엄마와 함께 일하던 코끼리였어요. 부쉬웨커처럼 변함없고 충직했죠. 우리는 한 팀으로 일했고 함께 길고 행복한 삶을 살았어요.

로렌: 정말 멋진데! 다시 돌아올 거니? 돌아와서 나와 함께 있어 줄래?

부쉬웨커: 아직은 모르겠어요. 우리가 또 함께 여행할 것은 확신하고 있지만 언제가 될지는 모르겠어요.

로렌: 그렇구나. 나에게 더 하고 싶은 말이 있니?

부쉬웨커: 저는 멀리 떨어져 있지 않아요. 엄마와 아빠를 도울 수 있을 만큼 충분히 가까이 있어요. 그러니까 저를 불러만 주세요. 엄마가 물으시면 제가 답해 드릴게요. 엄마는 저의 답을 엄마의 마음속에서 느끼고, 그게 진짜라는 것을 아실 거예요.

로렌: 정말 고마워. 우리의 인연은 계속 내 삶에서 축복이 될

거야.

부쉬웨커: 저에게도 그래요. 사랑하고 사랑받는 것이죠.

로렌: 꼭 그렇게 할게. 안녕.

부쉬웨커: 안녕히…….

2장에서 반려인과 함께했던 어느 과거 생에서 자신이 고양이였고 '함께 늙어간' 기억을 갖고 있었던 잭과의 대화를 기억하실 거예요. 동물들은 종종 자신의 반려인과 함께했던 한두 전생을 기억할 수 있습니다.

한 존재가 다음 생의 몸을 선택하는 과정은 어떻게 이루어질까요? 죽은 동물이 우리가 살아 있는 동안 그저 몸만 바꾸어서 우리에게 돌아온다는 것을 의미할까요? 동물들은 저세상에 있을 때 자신의 영적 가이드나 멘토들과 함께 지나온 생을 회고한다고 가르쳐주었습니다. 이 과정에서 동물들은 이 생에서 자신의 목표 달성과 영적 교훈의 수업이 성공적이었는지를 평가합니다. 동물도 인간과 마찬가지로 영혼 그룹으로 여행합니다. 많은 사람들은 이것이 소울메이트라는 익숙한 표현이 진정 의미하는 바라고 생각하지요. 이런 맥락에서 보면 소울메이트는 실제로 여

러분이 과거 생에서 함께 여행했거나 저세상에서 시간을 함께 보낸 존재들입니다.

특정 영혼 그룹에 있는 인간들이 특정 영혼 그룹의 동물들과 함께 여행하는 일은 흔합니다. 그 그룹들은 회전하면서 서로 연결되어 있는 톱니바퀴처럼 종종 겹쳐지거나 맞물립니다. 저는 회전하면서 서로 연결되어 있는 이 원모양의 이미지를 좀 좋아합니다. 왜냐하면 그것이 1장에서 우리가 배운 생명의 바퀴the Wheel of Life를 떠올리게 하기 때문입니다. 바퀴의 톱니로 표현되는 인간과 동물들은 자신의 순환주기를 돌면서 다양한 지점에서 만나고 서로 연결되지요.

동물이 지상으로 돌아올 준비가 되면(시간의 길이는 아주 다양하지만 평균 2~3년 정도인 것 같습니다) 다른 인간, 동물들과 함께 일할 수 있는 몸과 삶을 선택합니다. 이런 상호작용은 자신에게도 이롭고 다른 영혼들에게도 이로움을 주기 위해서이지요. 혹은 우리가 1장에서 만난 새끼고양이 레이디 제인처럼 처음으로 지상의 삶이 어떤지 알아보기 위해 태어나는 경우도 있습니다.

동물을 먼저 떠나보낸 경험이 있는 많은 사람들에게 이 환생의 시나리오는 사랑하는 동물이 그저 몸만 바꾸어 우리에게 돌아올 수 있다는 가능성을 제공해주는 것처럼 보입니다.

엄밀히 말하면 이런 일은 가능하고 확실히 있습니다. 하지만 안타깝게도 우리가 바라는 것만큼 그렇게 자주 있는 것은 아니라고 동물들은 말합니다. 존재가 교훈을 배우고 진화하기 위해 환생한다고 가정할 때, 동물들이 새로운 삶의 방식과 행동양식, 가르침, 그리고 새로운 인간, 새로운 동물들과 상호작용하는 방식을 경험하기 위해 다른 사람과 다른 가정으로 가는 게 사리에 맞을 겁니다. 하지만 제가 연결했던 살아 있는 동물들 중에는 현재의 반려인과 이전에, 그 사람의 어린 시절이나 가까운 과거에 함께했다고 말하는 동물들이 분명히 있습니다. 이런 일이 사람들이 생각하는 것만큼 자주 일어나지는 않는 것으로 보이지만 말이지요.

지금까지 많은 사람들이 저에게 새로 온 동물 친구가 이번 생의 과거에 자신과 함께 지내다 죽은 동물의 환생인지 알아봐달라는 요청을 했습니다. 그 사람들은 이 동물이 편안하고 친숙하게 느껴지며, 심지어는 행동이나 몸에 예전 동물의 특징을 갖고 있는 것 같다고 말합니다. 대개 그 동물은 정말 예전에 그 사람이 만난 적이 있는 동물이지만 대체로 전생에서 함께한 적이 있는 동물입니다. 그처럼 친숙한 감정이 들었던 이유는 소울메이트의 재회였기 때문이지요.

사람들이 자주 하는 또 하나의 질문은 동물이 인간으로 태어날 수 있는가 하는 것입니다. 어떤 사람들에게 이것은 곤란한 주제입니다. 왜냐하면 그 사람들은 원래 인간이 동물보다 더 우수하다거나 더 진화되었다고 느끼기 때문이지요. 저는 인간이 동물보다 더

낫다기보다 그저 다를 뿐이라고 생각합니다. 그래서 저는 사랑하는 버니즈 마운틴 도그 바이런에게 이 주제에 대해 좀 더 명확하게 설명해달라고 부탁했습니다. 바이런은 암으로 투병하다 제가 이 책을 쓰는 동안 다섯 살 9개월의 나이로 죽었습니다. 저는 바이런이 이 책의 완성을 돕고 싶어 한다는 사실을 알고 있었기에 이 주제에 관해 구체적으로 몇 가지를 물어보았지요.

■ **바이런**Byron

로렌: 바이런아, 동물이 환생할 때 인간으로 태어날 수 있는지 알고 싶어. 많은 사람들은 인간과 동물이 너무 달라서 이런 일은 불가능하고 그냥 각각 다른 길로 진화한다고 믿고 있거든.

바이런: 우리 모두는 전체, 하나의 일부분이지요. 우리는 같은 근원의 우주에너지에서 창조되었어요. 그저 모양만 다를 뿐이죠. 우리는 모두 진화하고 변화해요. 누구에게는 시간이 좀 더 걸리기도 하지만! 진화가 앞으로 나아감 또는 적어도 변화한다는 의미에서 우리 모두는 같은 방향으로 가는 여러 길 위에 있는 것이에요.

로렌: 우리 모두가 이 에너지로 만들어졌고, 성장하면서 점점 속도가 빨라지는 어떤 특정한 진동수이나 주파수를 갖고 있다고 난 이해하고 있어. (과학, 특히 양자물리학 분야에서는 모든

것이 에너지이고, 진동수에 따라 에너지가 어느 정도 고체화되느냐가 결정된다고 합니다.) 동물 또는 인간으로 환생하는 것과 관계있는 건 무엇이지?

바이런: 동물, 특히 포유류는 인간에 매우 가까운 기본 생리구조를 가지고 있어요. 우리는 모두 기관, 폐, 심장 등을 가지고 있지요. 하지만 인간의 몸은 조금 더 복잡해요. 사실 인간의 삶은 대부분의 동물의 삶보다 더 복잡하지요. 우리 동물의 삶이 단순하다거나 우리가 희망이나 꿈, 복잡한 사고를 갖지 않다는 것이 아니라 다르다는 거예요.

로렌: 좀 더 자세히 설명해줄래?

바이런: 사람들은 개인 생활, 직장 생활을 하고 요금을 지불하고, 자신과 아이들의 사회생활을 조직하는 갖가지 활동을 하죠. 인간 활동은 아주 다양한 수준이 있어요. 게다가 모두 동시에 처리하는 듯이 보인답니다. 이렇게 복잡한 활동을 해내기 위해서는 어느 정도의 진화 수준이 필요해요.

로렌: 그러니까 네 말은, 한 존재가 인간의 몸을 다룰 수 있으려면 어느 정도의 진동 수준이 되어야 한다는 것이구나.

바이런: 예, 그래요.

로렌: 그럼 만약 동물의 진동이 어느 정도의 발달 수준에 이르면 인간이 될 수 있겠네. 이런 일은 자주 있니?

바이런: 그렇게 자주 있지는 않고요. 시도해보는 많은 동물들이 그것을 좋아하지도 않아요. 확실히 인간으로 존재하는 것은 좋은 점도 있지만, 쉽지 않다고 확신해요.

로렌: 아, 그렇게 많은 것은 아니구나. 네가 인간이었던 적은 있니?

바이런: 아니오. 인간이 되길 원하는지도 잘 모르겠어요. 동물의 몸을 선택해서 배울 수 있는 것이 아직도 많아요.

로렌: 그럼 인간이라는 유형을 취하는 게 동물들이 열망하는 어떤 것은 아니라는 말이로구나.

바이런: 전혀요.

로렌: 인간이 동물이 되기도 하니?

바이런: 경우에 따라서, 뭔가 아주 특정한 교훈을 배우기 위해서죠. 사냥당하는 기분이 어떤지 경험하기 위해서라든가.

로렌: 그래, 그 예가 마음에 드는구나. 이 복잡한 주제를 이해하게 도와줘서 정말 고마워.

바이런: 뭘요. 제가 앉아 있는 이곳(그는 저세상을 의미하고 있습니다)에서는 그다지 복잡한 것도 아닌데 말이죠.

교훈을 배운다는 것은 살아 있는 동물이나 죽은 동물, 어느 쪽을 연결할 때도 동물들이 자주 말하는 내용입니다. 이 장을 시작하면서 말씀드린 것처럼 그것이 우리가 환생하는 이유이지요. 우리는 교훈을 배우고 또 다른 존재들이 교훈을 배우는 것을 돕습니다. 동물들은 보통 여기에서 무엇을 배웠는지(또는 배우는지)와 자신의 반려인을 가르치기 위해 무엇을 하는지에 대해 아주 분명히 알고 있습니다. 다음은 터보라는 이름의 오스트레일리언 보더 콜리와 나눈 대화의 일부입니다. 터보는 상당히 성공한 개 트레이너이자 민첩성 훈련가인 제 친구와 함께 살았지요.

- **터보 Turbo**

로렌: 어떤 것들에서 우리가 함께 완전한 잠재력에 도달했는지 잘 모르겠지만 네가 나의 최고의 친구였다는 건 알아. 그것에 대해 너에게 감사하고 있단다.

터보: 엄마는 성장하고 진화하고 있었고요. 지금도 계속 진행 중이에요. 엄마의 인생 도정을 약간 바꾸어 놓는 게 제 역할이었죠. 저는 한 가지 이상의 방식으로 일하는 개였죠. 엄마와 함께 외부에서 또 엄마와 함께 내면에서 일하고 있었죠(그들은 육체적으로나 영적으로 함께 일했습니다). 그것은 우리가 합의한 일이었어요.

로렌: 그렇구나. 고마워. 우리가 함께한 시간에서 내가 알아야 하거나 배워야 할 것이 있니?

터보: 엄마는 모든 것을 알고 계신다고 생각해요. 그냥 놓아버리고 우리 관계를 있는 그대로 보세요. 서로 배웠던 멋지고 사랑이 넘치는 동반자의 관계로.

로렌: 너는 나에게서 무엇을 배웠니?

터보: 사람들에 대해 많은 것을 배웠죠. 사람들이 얼마나 다르고 때로는 얼마나 까다로워질 수 있는지. 엄마는 좀 더 느긋해지고 삶을 있는 그대로 받아들이도록 하세요. 자기 자신에게 인내심을 더 가지세요. 이미 완전하다면 지상에 있을 필요가 없겠죠. 저도 마찬가지예요.

로렌: 그래, 맞아. 때로는 보다 큰 그림을 놓치지 않는다는 게 어려워.

터보: 예, 그래요. 그냥 계속 하는 거예요. 중요한 것은 바로 그것뿐이에요. 자신에게 물어보세요. '크게 봤을 때 이 일이 왜 나에게 일어나는 걸까?' 그렇게 물어보고 더 큰 교훈과 목적을 파악할 때에만 엄마는 앞으로 나아갈 수 있어요.

로렌: 그래, 꼭 노력할게.

터보: 그건 노력하는 게 아니고요. 그냥 허용하는 거예요.

로렌: 그래, 맞아. 고마워.

터보: 다른 사람들을 돕는 것이 제가 가장 잘 하는 일이죠!

로렌: 맞아. 너는 그 분야의 달인이지.

터보: (미소 지었다가 킥킥 웃었습니다.) 고마워요. 또 만나요.
로렌: 하늘나라에서 아니면 여기 지상에서?
터보: 엄마의 마음속에서요. 저는 항상 거기 있잖아요.
로렌: 그래, 바로 그거야. 너도 네 마음속에서 나를 만날 거야.

저의 친구 레일린과 단짝 터보는 육체적 영적 양쪽 차원에서 함께 일하는 멋진 사이였습니다. 내면의 자아에게 '왜 이 일이 나에게 일어나는 걸까?' 라고 물어보라고 터보가 레일린에게 한 조언은 왜 그녀가 이 생에 태어났는지, 어떤 특정한 상황에서 배워야 할 것이 무엇인지 명확하게 알도록 도움을 주었습니다. 터보는 죽은 후에도 레일린이 어떤 이해를 얻도록 도와주었지요.

어떤 교훈을 배우는 데는 일생이 걸리기도 하지만 그런 생애가 항상 긴 것만은 아닙니다. 어린 생명이 짧게 살다 죽었다고 해서 그 교훈이 덜 귀중한 걸까요? 이 지상에서 얼마나 오랜 시간을 보냈는가로 그 삶의 질을 판단할 수 있을까요? 다음은 심한 장애를 갖고 있었던 고양이 에미가 태어난 지 5주밖에 안 되었을 때 나눈 대화입니다. 에미는 레이디 제인(1장)과 자매 사이였지요. 이야기를 나눈 후 일주일 정도 지나 에미는 죽었습니다.

■ 에미 Emmy

로렌: 에미야 안녕.

에미: 안녕하세요.

로렌: 넌 아주 특별한 고양이야.

에미: 그럼요, 저도 알고 있죠!

로렌: 여기 이번 생에서 너의 목적이 무엇인지 궁금하단다.

에미: 해보고, 해보고, 해보는 것이죠. 지난 번 생에서 저는 게으르고, 게으르고, 게을렀어요.

로렌: 너는 어려움이 있는 몸을 선택했잖아.

에미: 그래요. 아주 짧은 생이 될지도 모르겠지만, 최선을 다하는, 최고의 내가 되는 기분을 맛볼 거예요. 이것이 영혼과 육체에서 어떻게 느껴지는지 알 필요가 있거든요.

로렌: 아주 좋은 수업이구나. 어려운 것이기도 하고.

에미: 수업기간이 짧다고 해서 가치가 없는 것은 아니잖아요.

로렌: 그래, 네가 정말 옳아. 너를 위해 우리가 할 수 있는 일은 없을까?

에미: 예, 없어요. 할 수 있는 한 멀리 저의 길을 갈 거예요. 그것으로 충분해요.

로렌: 고마워, 에미. 빛과 함께 가거라, 사랑과 함께 가거라, 신과 함께 가거라. 너의 여정이 보람 있길.

에미: 고마워요.

이 대화를 제가 좋아하는 이유는 언제나 우리가 얻을 것, 배울 교훈이 있음을 알게 되기 때문입니다. 약간의 익살과 함께, 에미는 아무리 짧은 생도 아무리 힘든 삶도 헛되거나 무의미하지 않음을 가르쳐줍니다. 이것은 보호소에 있는 동물에게도 해당되지요. 그들 역시 자신의 길이 있고, 있는 그대로 아름다운 존재로 존중되어야 합니다. 저는 이렇게 하는 것이 그들을 그저 불쌍히 여기는 것보다 훨씬 더 도움이 된다고 생각합니다. 우리 모두 집 없이 보호소에서 기다리는 반려동물이 없는 그런 날을 소망하고 있지만 현재 지상에서 그들이 가는 길의 본질에 대해 판단하거나 결정할 수는 없습니다. 아마 그들은 자신을 필요로 하는 어떤 특별한 사람을 기다리고 있는지도 모르지요. 어쩌면 여러분이 그 사람일지도, 그리고 여러분을 기다리고 있는 그 동물이 여러분의 옛 친구, 소울메이트일지도······.

Chapter 5

저세상

"제가 있는 곳에는
오로지 조건 없는 사랑만 있어요."

우리가 함께했던 사랑은
공간과 시간,
그리고 종(種)까지도 뛰어넘습니다.

Chapter 5

　죽을 때 우리가 '고향'으로 간다는 생각은 이 책 여러 곳에서 이야기되었습니다. 동물들은 육체를 가진 삶이 즐거움이라고, 그래서 즐거야 한다고 느낍니다. 그들(그리고 우리)은 육체가 있을 때 저세상에서는 같은 방식으로 하거나 경험할 수 없는 것들을 할 수 있습니다. 맛 좋은 음식을 먹을 때 누리는 만족감, 누가 머리를 긁어줄 때의 시원한 기분, 풀밭을 달릴 때 발굽이 땅에 탁 하고 부딪치는 느낌, 또 가장 친한 친구가 부드럽게 솔질을 하며 단장해줄 때 느끼는 사랑받고 있는 감정 등은 모두 육체가 있을 때 더 강하게 그리고 가장 잘 음미될 수 있는 것들이지요. 당연히 우리 동물이 죽을 때 우리가 그토록 그리워하는 것도 바로 그 육체의 현존입

81

니다. 저세상과 그곳이 얼마나 멋진 곳인가에 관해 제가 알고 이해하고 있는 그 모든 것들도 반려동물이 죽어서 제가 깊은 슬픔에 빠져 있을 때에는 별 도움이 되지 않습니다. 이것은 자연스러운 일입니다. 우리는 여기 육체 안에 있고 육체는 다른 육체를 좋아해서 애착을 갖기도 하지요. 다른 존재의 육체적 현존은 우리가 친숙하고 편안하게 느끼는 어떤 것이며, 가장 기초적인 차원에서 존재들과 우리가 상호작용하는 방식입니다. 동물이 죽을 때는 그 육체 부분이 죽는 것이며, 그 육체를 가진 존재와 우리의 상호작용이 끝나는 것입니다.

그렇지만 영적 차원에서는 죽음이 그 존재와 우리의 연결이 끝났음을 의미하지 않지요. 이 책의 많은 대화에서 예시된 것처럼 방식은 다르지만 우리는 계속 상호작용할 수 있습니다.

저세상에 있는 동물과 연결할 때 그들이 경험하고 있다고 알려주는 우주의 그 조건 없는 사랑을 느낄 수 있으니 저는 축복받았습니다. 정말 기쁜 일이랍니다! 그 다음으로 동물들이 저에게 알려준 것은 저세상이 어떤 곳이며, 그곳에 있는 것이 '육체적으로' 어떻게 느껴지는가 하는 것입니다. 일반적으로 동물들은 지상의 육체를 떠날 때 덜 복잡하게 느낀다고 말합니다.

온나라는 이름의 버니즈 마운틴 도그는 저의 티터치 TTouch 친구 린과 함께 살았지요. 온나가 죽고 나서 린은 온나가 먼저 저세상으로 간 친구들을 만났는지 알고 싶다고 저에게 연결을 부탁했습니다.

- **온나** Onna

로렌: 우리는 네 친구 팬저나 지하가 너를 기다리고 있었는지 궁금했단다.

온나: 그럼요. 예전에 함께했던 다른 동물 영혼들도요. 여기는 혼자 있는 법이 결코 없어요. 지상보다 훨씬 지내기 쉬운 곳이죠.

쥬얼이라는 이름의 네덜란드 고양이는 제 친구 카르멘과 벤노와 함께 살았는데, 쥬얼이 죽고 얼마 지난 후 저는 카르멘과 벤노를 대신해 쥬얼과 이야기했습니다. 제가 연결했던 대다수의 동물들은 바로 직전 생에서의 모습, 즉 마지막 지상에서의 모습을 보여줍니다. 반드시 그래야 하는 것은 아니지만 그렇게 함으로써 우리가 그들을 알아볼 수 있고 그 존재와 제대로 연결이 되었음을 알 수 있지요. 또한 제가 몰랐던 동물과 이야기를 나눌 때에도 유용합니다. 쥬얼은 자신의 영혼, 에너지의 형태를 보여주는 방식을 택했고, 그 이름대로 정말 보석(쥬얼)처럼 빛났습니다!

■ **쥬얼** Jewel

로렌: 쥬얼아 안녕. 왜 엄마와 아빠가 너에게 그 이름을 지어주었는지 알겠구나. 정말 아름다워.

쥬얼: 고마워요. 저의 참모습은 정말 아름다워요. 얼마나 다채로운 색으로 되어 있는지!

로렌: 그래, 그렇구나. 벤노와 카르멘이 너와 얘기하고 싶어서 나에게 도와달라고 부탁했는데 괜찮겠니?

쥬얼: 좋아요.

로렌: 고마워. 먼저, 어떻게 지내고 있니?

쥬얼: 아주 잘 지내고 있죠. 방금 쥬얼로 살았던 삶을 되돌아보는 일을 마쳤고요. 이제부터는 다음에 무엇을 할지 생각할 거예요.

로렌: 쥬얼로서 사는 동안 이룬 것에 만족하니?

쥬얼: 그럼요, 유익한 삶이었어요. 많은 것을 배웠죠.

로렌: 예를 들면 어떤 것?

쥬얼: 인내, 주고받는 기쁨 등이요. 다른 종과 지상의 사랑을 어떻게 나누는지도요. 아주 특별했죠. 어떤 몸이나 어떤 종을 선택하는가에 관계없이 사랑은 사랑임을 배웠어요. 어떤 모습을 갖더라도 멋지고 따뜻한 거죠.

로렌: 지상에서의 사랑이 저세상에서 네가 경험하는 사랑과 다

르게 느껴지니?

쥬얼: 예, 달라요. 매우 한계가 있지요. 이곳의 사랑은 한계가 없어요. 우리는 존재로서 모두 연결되어 있잖아요. 여기서는 그 연결을 정말로 느낄 수 있답니다. 그것이 사랑을 더 강하고 더 크게 해주지요.

쥬얼을 통해 제가 이해하게 된 것은 육체 안에서 우리는 사랑을 아주 강하게 느낄 수 있지만(너무 강하게 느끼기 때문에 때때로 사랑이 있고 없음이 우리를 아프게 합니다) 육체가 없을 때 사랑은 더욱더 강렬하다는 것입니다. 이것은 마치 육체가 일종의 필터 역할을 하는 것과 같습니다. 우주의 조건 없는 사랑의 느낌은 너무나 강렬해서 우리 육체의 감각(오감)으로는 다룰 수 없는 듯합니다. 이 책의 서문을 쓰면서 저는 체외이탈 경험을 하는 동안 느꼈던 이 불가사의한 사랑이 어떤 느낌인지 설명하기가 대단히 어렵다는 것을 알게 되었습니다. 뭐라고 말할 수 있을까요? 말로 표현하기가 참 힘들군요.

이제 저세상에서 각각의 동물이 '육체적으로' 어떻게 느끼는지 알아보겠습니다. 우리는 1장에서 친구 다이시가 죽은 직후에 말 엔젤을 가장 먼저 만났지요. 엔젤이 죽고 나서 곧바로 다시 엔젤과 이야기를 나누었습니다. 우리는 오래된 친구였기 때문에 그냥 제 자신으로 말했습니다. 제가 엔젤을 불렀을 때 엔젤은 훨씬 젊어 보이는 모습으로 나타났습니다!

■ **엔젤** Angel

로렌: 엔젤아 안녕. 지금 어디에 있니?

엔젤: 아직도 가까이 있지만 저의 길을 가고 있어요.

로렌: 기분이 어때?

엔젤: 아, 정말 좋아요! 분명하게 보고 들을 수 있어요. 발은 날고 있고요, 막 달릴 수도 펄쩍 뛰어오를 수도 있어요. 영혼은 솟아오르고 있어요.

로렌: 정말 좋겠구나. 우리 모두는 엄청난 충격을 받았단다. 떠날 것을 너는 알았니?

엔젤: 오후에 좀 이상하다고 느끼기 시작했어요. 그러다 곧 떠났죠. 금방이었어요.

로렌: 엄마와 아빠는 너를 그리워하고 있어.

엔젤: 예, 알고 있어요. 하지만 저는 멋진 삶을 살았어요, 그렇지 않나요? 즐거움이 가득했죠. 나이가 들어가면서 달라졌지만 그래도 여전히 좋았어요.

로렌: 그랬다니 몹시 흐뭇하구나. 엄마나 아빠에게 하고픈 말이 있니?

엔젤: 저를 위해서 행복하셨으면 좋겠어요. 지금 계신 곳에서 행복과 기쁨, 사랑을 찾도록 해보세요. 중요한 건 그것뿐이에요. 빛(보편적인 우주의 힘 '빛')을 느껴보세요. 정말 정말로 멋지거든요.

로렌: 그래 엔젤, 고마워. 고향으로 돌아가는 여행을 즐기면서 우리가 보내는 사랑을 느끼렴.

엔젤: 예, 고마워요. 그럴게요. 엄마와 아빠에게 행복하시라고 전해주세요.

로렌: 그럴게. 그럼 잘 가거라.

엔젤: 안녕히…….

나이 들어 죽은 동물이 젊은 모습으로, 보통 중반기 때의 모습으로 나타나는 일은 드물지 않습니다. 왜 이렇게 되는지는 확실히 알지 못하지만 아마도 이때를 육체와 감정의 한창때로 느끼는 게 아닌가 싶습니다. 날고 있다고, 영혼이 솟아오르고 있다고 하는 엔젤의 표현을 저는 좋아합니다.

보통은 날지 않는 동물조차도 날아오를 수 있을 것 같다는 기분을 저에게 전해줍니다. 축 늘어

진 귀를 한 우리 토끼 친구 벤은 죽은 직후에 저에게 날아 와서 말했지요. "날아다니는 게 얼마나 재미있는지 잊고 있었네요!" 이것이 제가 여러분께 말씀 드릴 수 있는 아주 즐거운 그림입니다.

다음은 코비라는 이름의 개와 나눈 대화입니다. 그 역시 저세상에 있는 것이 어떻게 느껴지는지에 대해 뭔가 할 말이 있었습니다. 또한 반려인이 얼마나 자신을 위해 슬퍼하고 있는지에 대해서도 마음을 쓰고 있었지요. 안타깝게도 수잔과 남편 마크는 코비가 죽었을 때 타지에 있었습니다. 코비는 육체가 죽기 몇 시간 전에 작별인사를 하기 위해 영혼의 상태로 수잔을 찾아가 곤히 자고 있는 수잔을 깨웠습니다.

- **코비** Kobi

로렌: 안녕, 코비야. 아아, 우리가 얼마나 너를 보고 싶어 하는지 너는 모를 거야.

코비: 저도 알아요. 엄마와 아빠의 아픔이 느껴져요. 엄마와 아빠가 지금 제가 느끼는 기쁨과 행복을 느끼실 수 있다면 참 좋을 텐데. 완전한 사랑과 빛, 자유 말이에요. 엄마와 아빠가 고통스러워하셔서 떠나면서 슬펐지요.

로렌: 그래, 정말 힘들어. 네가 떠날 때 함께 있지 못했다는 것도 너무 괴로워.

코비: 저는 훨씬 일찍 떠났어요. 몸의 기능을 정지하느라 시간은 걸렸지만 떠나면서 엄마한테 갔잖아요. 엄마는 아시면서.

로렌: 너는 우리가 쉽게 메울 수 없는 커다란 구멍을 남겨놓았어.

코비: 이상해요. 저는 전보다 훨씬 크고 밝고 강하거든요. 사랑하는 사람들에게 이것을 함께 느끼게 해줄 수 없어서 정말 안타까워요.

로렌: 그래. 얼마 동안은 우리 가까이에 있어줄 거지?

코비: 며칠 동안은 아주 가까이 있을 거예요. 그 후에는 엄마가 고요하게 계실 때나 저를 불러주실 때 다가갈 거예요.

로렌: 그래, 고마워. 우리에게 하고 싶은 말은 없니?

코비: 사랑해요, 언제까지나.

저는 저세상에서 동물들이 어떻게 시간을 보내는지 늘 궁금했기 때문에 애직이라는 이름의 그레이하운드에게 특별히 이것과 몇 가지 다른 주제에 대해 물었지요. 이 대화 내용이 우리의 이해를 아주 명확하게 해준다고 생각합니다. 저는 의뢰인을 대신하지 않고 제 자신으로 대화합니다.

■ **애직** Azik

로렌: 데비와 케빈은 너를 무척이나 사랑하고 그리워한단다.

애직: 고마워요. 알지요. 엄마와 아빠를 자주 찾아가는걸요. 저도 엄마와 아빠를 몹시 사랑해요. 떨어져 있어서 안타까워요. 엄마와 아빠에게 제가 지금은 자유롭게 뛰어다닌다고 전해주세요.

로렌: 그래, 그렇게. 엄마와 아빠가 그 말을 들으면 분명히 기뻐할 거야. 애직아, 나는 지금 저세상에 관한 책을 쓰고 있는데 그곳에 있는 느낌이 어떤지, 하루 종일 무엇을 하는지 알고 싶단다. 이 두 가지에 대해 말해줄 수 있겠니?

애직: 으음…… 여기에 있다는 건 정말 멋져요.

로렌: 육체를 그리워하니?

애직: 건강한 육체를요, 아픈 육체 말고요. 지구 같은 곳도 없지요. 풍요롭고, 푸른 초목이 우거진 곳, 체험할 수 있는 멋진 일들로 가득한 곳이잖아요.

로렌: 그런 것들을 그리워하니?

애직: 어떤 면에서는요. 물론 이곳도 정말 멋져요. 여기는 '온전한 하나 Wholeness'로 돌아오는 곳이에요. 우리가 출발한 곳이고 돌아오는 곳이지요. 여기가 우리의 근원이에요.

로렌: 그곳에서 우리 영혼이 나온다는 말이니?

애직: 맞아요. 이곳에서 나와서 이곳으로 돌아오지요.

로렌: 그러면 네가 옛 인간 친구들, 동물 친구들과 같이 있다고

생각할 수 있겠네?

로렌: 동물 영혼들은 하루 종일 무엇을 하니?

애직: 그럼요. 그래서 즐거워요, 진짜 즐거워요!

로렌: 동물 영혼들은 하루 종일 무엇을 하니?

애직: 으음…… 자신의 임무에 따라 달라요. 말하자면, 지상에서 돌아오면 우리 모두는 우선 휴식을 하면서 회복해요. 특히 육체가 힘든 삶을 살았다면, 예를 들어 많이 아프거나 했다면 우리는 자신의 에너지를 다시 모으죠.

로렌: 그래. 그런 다음에는?

애직: 으음…… 말씀드린 것처럼 각자의 임무에 따라 다르지만, 다음 단계에서는 가이드나 멘토와 함께 우리의 삶을 되돌아보지요. 그런 다음, 우리가 배우지 못한 것(그래서 다음 생에서 집중해야 할 필요가 있는)에 대해 면밀히 검토하고요. 가이드나 멘토로서 다른 영혼을 돕는 영혼들도 있어요.

로렌: 무엇을 어떻게 공부하는지 좀 말해주렴.

애직: 우리는 각자의 영혼 그룹(함께 그룹으로 여행하거나 공부하는 경향이 있는 존재들)으로 돌아가지요. 한 영혼 그룹의 존재들은 진화과정에서 거의 비슷한 수준에 있어요. 우리는 진화하는 과정에서 자신의 영혼이 어디에 있는지, 어디로 가기를 원하는지에 대해 이야기를 나누죠. 과거 생에서 잘 한 것과 잘못한 것에 대해서도 이야기하고요. 어떤 교훈은 다시 배워야

할 필요가 있을지도 몰라요.

로렌: 예를 하나 들어줄 수 있겠니?

애직: 으음…… 당신은 한 생애 이상 인내에 대해 배우고 있잖아요.

로렌: 그래, 사실 그렇지. 그밖엔 무엇을 공부하니?

애직: 지구와 다른 곳들을 살펴보고 영혼으로서 그리고 육체를 가진 영혼으로서(환생해서) 동물과 사람들 그리고 지구를 어떻게 도울 것인지 정하려고 하지요.

로렌: 그건 어떤 도움이니?

애직: 어디서 시작해야 될까요? 균형을 벗어난 것이 너무 많아서…….

로렌: 그래서 너의 에너지를 가지고 일하는 거니?

애직: 예, 때로는 종의 집단으로 일하기도 해요.

로렌: 어떻게 종의 집단으로 일하는지 예를 들어줄래?

애직: 말을 예로 들게요. 말들은 사람들과 지구를 다시 연결하려고 애쓰면서 일하고 있어요. 사람들은 가난과 고통을 이유로 지구를 부당하게 이용하거나 풍요에 빠져서 지구의 고통을 외면하기도 하죠. 이 모두가 욕심이에요.

로렌: 맞아. 그게 큰 문제라고 봐.

애직: 조화, 모두 조화에 관한 거예요. 가난한 사람들도 대지와

동물들과 조화로울 필요가 있죠. 삼림을 태우고 동물들의 서식지를 파괴하는 행위는 조화를 이루는 게 아니잖아요.

로렌: 알겠어. 고마워. 우리에게 정말 도움 되는 말이구나. 그럼 저세상에서 가이드와 멘토는 어떻게 다른지 물어봐도 될까?

애직: 아, 설명하기 어려운데. 제 생각에는, 그러니까 가이드는 멘토와 비슷하지만 더 큰 그림 속에 있다고 할까요. 멘토는 삶의 어느 한 면에 대해 조언과 도움을 주고, 가이드는 삶 전반에 걸친 도움을 준다고 할 수 있겠네요.

로렌: 알 것 같아. 사람들에게 이것을 명확하게 전달할 수 있는 지상의 동의어가 있는지 찾아볼게.

애직: 예, 좋아요. 저에겐 어려운 일이에요.

로렌: 넌 정말 도움을 주었단다. 대단히 고마워. 사랑과 빛을 너에게 보낼게.

애직: 고마워요. 엄마와 아빠에게도 저의 사랑을 전해주세요.

로렌: 그럴게, 꼭!

다음은 맥스라는 이름의 고양이와 나눈 대화입니다. 맥스는 홍콩에서 작은 규모의 고양이 보호소를 운영하고 있는 여성으로부터 사랑이 충만한 보살핌을 받다가 한 살 되었을 즈음 죽었습니다. 맥스는 사는 동안 대부분 건강하지 않은 고양이였지요. 엄마 뱃속에 함께 있었던 다른 새끼고양이들은 그보다 먼저 죽었지만요. 제가 의뢰인 대신으로 말하고 있는 대화의 중간으로 들어갑니다.

■ **맥스** Max

로렌: 너는 왜 그렇게 일찍 죽었니?

맥스: 그렇게 짧은 생애에서 그렇게 많은 것을 배울 수 있는 몸을 선택한 것은 흥미로웠어요.

로렌: 오, 그렇구나. 무엇을 배웠는지 말해줄래?

맥스: 삶이란 때론 투쟁하고 분투해야 할 어떤 것임을 배웠죠. 소중한 선물이에요. 전에는 이것의 가치를 충분히 알지 못했어요. 저에게 삶은 늘 편하고 쉬웠거든요. 이번 생은 그렇지 않았죠.

로렌: 그래서 이번엔 짧은 생을 선택했구나.

맥스: 예. 엄마와 다른 사람들이 저 때문에 고통스러워하고 슬퍼해서 죄송하지만 제가 그렇게 귀한 교훈을 얻었다는 걸 기뻐해주세요. 다음 생에서는 육체의 삶을 더욱 가치 있게 여길 거예요.

로렌: 그런 생각을 했다니 고맙구나. 우리에게도 도움이 돼. 그런데 저세상에서는 무엇을 하며 시간을 보내니?

맥스: 실제로 지구에 있는 아픈 고양이들을 찾아가서 위로해요.

살 가능성이 있는 고양이들에게 여기(저세상)가 멋지기는 하지만 지상의 삶을 위해 분투하는 것도 가치 있다고 말해주지요.

로렌: 정말 대단하구나. 자신의 삶을 위해 분투할 용기를 찾고 있는 고양이들을 도와준 적이 있니?

맥스: 그럼요, 세 번 있었어요. 사실 그렇게 많은 고양이들과 함께하진 못했어요.

로렌: 그렇구나. 네가 도와주었던 고양이들은 모두 네가 살았던 홍콩에 있니?

맥스: 예. 거기는 제가 편안하게 느끼는 곳이죠.

여러분은 4장에서 제가 사랑하는 반려동물 바이런을 만나셨지요. 바이런이 죽은 뒤에 저는 바이런에게 저세상에서의 생활에 대해 물었고, 바이런은 환생할 때 특정한 종을 선택하는 것에 대해 제가 생각지도 못한 아주 흥미로운 이야기를 들려주었습니다.

■ **바이런** Byron

로렌: 저세상에서 하루를 어떻게 보내는지 말해줄 수 있겠니?

바이런: 음, 목적을 갖고 있지요. 하루 종일 구름 위에 그냥 앉아 있는 건 아니죠! (그 질문을 할 때 제가 마음속에 그런 모습을 상상하고 있었던 게 아닌가 생각해봅니다!)

로렌: 그래. 그럼 무엇을 하니?

바이런: 우리 (영혼)에너지를 조절하거나 다른 종들의 특징을 살펴보지요.

로렌: 왜 그렇게 하는 거지?

바이런: 그래야만 다른 몸을 선택할 때, 다시 태어날 때 우리 필요에 맞는 종으로 들어갈 수 있으니까요. 동물의 종들은 서로 아주 달라요.

로렌: 예를 들어, 그러면 너는 왜 개가 되고 싶었니?

바이런: 사람들과 함께 사는 개들은 다른 종과 더불어 삶, 조화에 대해 배운답니다. 우리는 우리 에너지를 섞거나 상호작용하는 것에 대해 배우죠. 다른 동물들이 사람들과 떨어져서 자신의 삶에 더욱 집중하는 반면 개는 사람들의 세계로 많이 들어가잖아요.

로렌: 그래, 사실이야. 우리는 반려동물인 개들에게 우리 사회 안에서 함께 어울려달라고 꽤 많이 요청하지. 그밖에 하루 종일 무엇을 하니?

바이런: 하나oneness, 전체the whole, 창조the creation, 근원the source 에 대해 배우지요.

로렌: 그것에 대해 알려고 노력한다는 의미니?

바이런: 예, 그래요. 우리가 있는 곳은 그것과 관련 있어요.

로렌: 너희들의 궁극적인 목적은 무엇이니?

바이런: 참으로 조화를 이루는 것, 하나가 되는 것이죠.

로렌: 여가시간은 있니?

바이런: 물론 있죠. 우리는 놀기도 해요. 보통은 같은 종끼리 놀아요. 개는 공 굴리면서 노는 걸 좋아하니까 잘 달리지요. 자주 새가 되길 원하는 영혼들은 비행경주도 하면서 서로 쫓아다녀요.

로렌: 그렇구나. 너희들이 자신의 종에 고유한 특성을 갖게 하는 '육체'의 특징을 취한다는 생각이 드는데.

바이런: 맞아요. 종종 그런 특정한 활동을 하기 위해서지요.

로렌: 재미있게 들리는구나.

바이런: 재미있어요!

코비와 제가 나누었던 대화에서 "아아, 나는 엄마의 고통을 알아요, 느끼고 있어요"라고 했던 말을 기억하세요? 세상을 떠난 동물 친구들은 우리의 상실을 정말로 이해하고 인정합니다. 사랑이 많고 연민을 느낄 줄 아는 이 존재들이 죽어서도 우리를 걱정한다는 사실은 전혀 놀랄 일이 아니지요. 제가 언제나 좋아하는 대화 가운데 하나를 여러분과 나누고 싶군요. 꽤 나이가 들어서까지 살았던 허기라는 이름의 지혜롭고 경이로운 개와 나눈 이야기입니다.

■ **허기**Huggy

로렌: 허기야 안녕, 나 로렌이야. 엄마와 함께 있단다.

허기: 그건 좋은 일이에요.

로렌: 왜지?

허기: 엄마가 저에 대해 말하고 싶어 하시니까요. 그러고 나면 엄마는 저를 더 가까이 느낄 수 있어서 짓누르는 슬픔을 조금 덜 수 있을 테니까요.

로렌: 그래, 엄마는 슬퍼하고 있단다. 너한테 물어볼 게 있다는데 물어봐도 될까?

허기: 되고 말고요, 아무 데도 가지 않을게요(미소를 짓는다).

로렌: 아유 귀여워라! 그래 너는 어떠니?

허기: 말할 나위 없이 정말 좋아요. 어떻게 그렇지 않을 수 있겠어요? 오, 자유롭고 행복하고 해방되었잖아요. 이곳(지금 허기가 있는 곳)은 완전한 환희, 완전한 사랑 그 자체예요.

로렌: 넌 정말 좋겠구나.

허기: 예, 고마워요.

로렌: 그동안 어떻게 지냈니?

허기: 음…… 어떤 때는 엄마와 함께 있어요. 엄마가 다른 사람들보다 힘든 때가 있잖아요.

로렌: 그래, 언제가 그러니?

허기: 밤에요. 언제나 우리가 함께했던 시간이죠. 제가 어떻게 있는지 엄마가 보려고 고개를 돌렸을 때 그 자리에 제가 안 보였던 적은 거의 없었어요. 엄마는 더 이상 저에 대해 걱정할 필요가 없었죠.

로렌: 혼자 남는다는 것은 힘들고 쓸쓸하단다.

허기: 그래요. 삶은 달콤하고도 쓸쓸한 경험이죠. 우리가 함께 했던 인연은 멋진 선물이었어요. 인연이라는 것이 늘 그렇게 멋지게만 맺어지지는 않으니까요. 그래도 인연은 힘을 내게 하고 기쁨을 느끼게 하는 어떤 연결 같은 것이죠. 엄마의 마음속 그 특별한 곳에 잘 간직해주세요. 저를 생각하면서 기쁨의 미소를 지어주세요. 바로 기쁨, 이것이 저의 삶이었으니까요. 더 이상 부탁드릴 게 없어요.

그래서 '완전한 환희이며 완전한 사랑'인 그곳에 있더라도 허기는 엄마의 고통을 덜어주기 위해 엄마와 함께 시간을 보내려고 돌아오는 것입니다. 허기의 메시지는 단순하지만 동물과 함께했던 그 연결의 끈이 우리 마음속과 그들 마음속에 그리고 저세상까지 그대로 남아 있음을 일깨워주지요.

Chapter 6

영원한 진수: 안내하는 빛

"저는 여전히 당신과 함께 있어요.
그리고 언제나 그럴 거예요."

육신이 죽은 후에도 남는 것은
오직 사랑의 끈입니다.
가슴에서 사랑으로 나를 불러보세요.
내가 날아오를 때 불러주세요.
나를 부르는 소리를 들을게요.

Chapter 6

동물이 죽고 나서 대화할 때 저는 정확히 무엇과 연결하는 것일까요? 그 존재가 죽은 후에도 '살아 있는' 부분은 무엇일까요? 남아 있는 것은 영혼, 바로 그 존재의 진수眞髓라고 동물들은 말합니다. 인간이든 동물이든 사랑하는 누군가가 죽었을 때 우리는 대부분 그 존재에 대한 기억에 강하게 매달립니다. 그들이 어떻게 생겼는지, 어떤 냄새가 났는지, 귀엽고 사랑스러운 버릇들, 우리가 만졌을 때 반응하던 모습들. 이 기억들의 대부분은 그것이 주는 편안함을 필요로 할 때 불러낼 수 있도록 우리 마음속 어딘가에 저장되어 있지요. 하지만 사랑하는 존재에 대한 이런 기억들을 회상하는 일은 우리 뇌에서 기억들을 무작위로 저장하는 지적인 과정 이상의 것입니다. 그 과정은 그 존재의 핵심을 찾아내고 여러분이 그들에게 갖는 사랑의 감정을 더하여 그런 생각과 감정을 여러분 존재의 일부로 만드는 일입니다. 저는 이런 훨씬 더 깊은 유형의 기억을 '영혼 기억 soul memories' 이라고 부릅니다. 여러분 내면의 존재 깊은 곳 속에 저장되어 있는 이런 소중한 '영혼 기억' 은 지성의 기억이 사라진 오랜 후에도 여러분을 사랑하는 이의 가까이에 머물 수 있게 해주지요.

기억을 통해 사랑하는 동물과 연결을 유지하는 것 외에 세상을 떠난 동물들이 우리의 가이드나 멘토가 되어 가까이에 머물 수도 있습니다. 앞 장에서 애직이 가이드나 멘토에 대해 언급한 것을 기억하시겠지요. 동물이 가이드로서 어떻게 우리와 함께 일할 수 있는지 살펴보기 전에 가이드가 되는 동물의 부분, 영원한 진수에 관해 좀 더 알아보겠습니다. 부머라는 이름의 개는 내적으로 그 동물이 누구인지에 초점을 맞추는 일이 얼마나 중요한지 아주 멋지게 설명합니다.

부머는 육체에 계속 집착하기보다는 반드시 영혼, 영원한 진수와의 연결이 발전되도록 해야 한다고 우리에게 가르쳐주고 있습니다.

■ **부머**Boomer

로렌: 너의 죽음에 대해 나누고 싶은 정보나 생각이 있니?

부머: 사람들은 육체가 없어진 후에도 꽉 붙들고 있어요. 그렇게 하면 영원히 곁에 둘 수 있는 것처럼 존재의 육체를 붙들려고 애쓰지요. 이건 잘못이에요. 우리에게서 남는 것은 영혼이에요. 이것이 과거에도 현재에도 항상 나라는 것이지요. 이것이 나의 참된 본질이며 존재입니다. 육체는 다만 배움을 위한 것이에요. 지상에서 기쁨과 슬픔을 경험하기 위해서이지요. 그 이상도 그 이하도 아니지요. 경험이 끝나면 육체를 남겨두고 우리는 떠납니다. 여러분 역시 그것을 뒤로 하고 존재의 참된 본질인 진수를 찾아내는 법을 배워야 합니다.

부머가 말한 이 진수는 영혼 기억을 만들기 위해 느낌으로 남아 있는 기억들, 머릿속에 들어있는 영상들과 함께 여러분이 내면으로 가져가는 것입니다. 저는 동물이 어떤 의미로 '영원한 진수 eternal essence'를 말하는지 보다 분명하게 이해하고 싶어 말라뮤트 가이드이자 친구인 루와 연결했습니다. 루는 아주 많은 생을 윤회한 대단히 현명한 존재입니다. 저는 루에게 영혼과 존재의 진수에 대해 몇 가지 질문을 했습니다.

■ **루**Roo

로렌: 영원한 진수가 무엇이며 너에게 무엇을 의미하니?

루: 우리 안에 있는 씨앗이에요. 모든 것이 자라나는 근원이며, 우리를 영원히 하나에 연결되어 있게 하는 우리의 한 부분이지요. ('하나'는 영, 신, 창조주 등 많은 이름으로 불립니다.)

로렌: 그래서 너는 이 진수가 우리 모두를 근본적으로 연결하는 것이라고 말하는 거니?

루: 예, 그래요. 우리는 달라도 모두 먹고 자고 우리보다 어린 존재들을 돌보고 꿈을 꾸지요.

로렌: 루야, 너의 꿈 중 하나를 들려줄 수 있겠니?

루: 저는 인간과 동물이 마땅히 받아야할 존중을 받는 날을 꿈꾸고 있어요. 한 존재 존재가 고유한 권리와 감정을 가진 개별 존재로 대우받을 때 지구는 좋은 곳이 될 거예요. 이해의 이런 근본적인 부족은 인간과 동물 사이에서만이 아니라 동물의 종들 사이에서, 그리고 인종들 사이에서도 마찬가지이지요. 자주 서로의 필요와 욕구를 무시한다는 뜻이에요. 누군가를 진정으로 이해할 때는 단 한 존재가 아니라 모든 존재에게 도움이 될 수 있는 선택을 하지요. 관용과 이해의 부족이 주된 문제예요.

로렌: 인간과 동물들은 영혼 차원에서 이것을 위해 노력하고 있니?

루: 예. 그렇지만 이런 큰 유형의 이해는 이해되고 내면화될 수

있게 소화되기 쉬운 작은 조각들로 나누어져야해요. 이것은 하나의 큰 교훈이 아니지요. 생을 거듭하면서 배워야 할 수 천 개의 작은 교훈들로 이루어져 있어요.

로렌: 그래, 고마워. 영원한 진수, 동물의 영혼을 이해하는 것이 어떻게 사랑했던 동물을 잃은 사람에게 도움이 될 수 있을까?

루: 사람들이 이해해야 할 것은 우리가 모두 연결되어 있다는 사실이에요. 알든 모르든, 느끼든 느끼지 못하든, 그것은 사실이랍니다. 한 존재의 참된 본질과 연결하는 법을 배우는 것은 여러분과 그 존재 사이에 놓인 그 길을 밝혀주고 서로를 더욱 강하게 느낄 수 있도록 도와줄 거예요.

로렌: 정말 놀랍구나. 네가 영혼들 사이에 존재하는 빛의 끈이라고 말하는 그 길을 보고 있어. 다른 존재의 진수로 들어가는 환하게 빛나는 길 말이야.

루: 맞아요. 실제로 존재의 참된 본질과 연결하는 법을 배운다는 것이 그 연결에 전류를 흐르게 하기도 하고 충전을 해주기도 하지요. 어떤 면에서는 그것이 그 연결에 생명을 가져다주지요.

로렌: 한 영원한 진수가 다른 영원한 진수와 연결될 때 어떤 느낌이 드니?

루: 가장 순수하고 조건 없는 형태의 사랑, 대부분의 사람들은 조건을 넘어선 사랑을 경험하지 못하잖아요. 하지만 동물 친구들과 친한 사람들은 많이 경험한답니다.

로렌: 너는 인간 영혼보다 동물 영혼에 조건 없는 사랑이 더 많다고 말하는 거니?

루: 아니, 절대로 아니에요. 인간은 더 복잡해요. 달라요. 인간은 동물보다 더 많이 판단하고 의견을 가지잖아요. 동물들은 오는 것을 그대로 받아들이는 경향이 있어요. 어떻게 오더라도.

로렌: 그래. 어쨌든 우리 인간과 동물 영혼 모두가 그 조건 없는 사랑의 요소를 가지고 있는 거지?

루: 그럼요. 사실 그건 바로 우리가 숨 쉬고 있는 이 공기랍니다. 우리를 완전히 감싸고 있지요. (루는 인간이나 동물 모두에게 마찬가지인 저세상에 대해 말하고 있습니다.)

로렌: 고마워, 루. 언제나처럼 너는 정말 많은 도움을 주었어. 아주 감사하고 있단다.

루: 엄마와 정보를 나누는 일은 언제나 즐거워요.

로렌: 그래, 그게 네가 나의 가이드인 이유라고 생각해.

루: 바로 그거예요!

로렌: 루야, 사랑해.

루: 저도요.

루는 한 존재와 다른 존재 사이에 놓여 있는 그 길을 밝혀주는, 존재와 존재를 연결하는 것에 대해 말했습니다. 연결하는 방법은 다양합니다. 밤에 동물이 여러분과 함께 잠을 자는 것과 같이 간단한 일들도 아주 큰 의미를 가질 수 있지요. 제임스는 잉그리드가 여러 마리의 고양이를 키우고 있던 자신의 집으로 데려온 세 살쯤 된 애교 만점의 고양이였습니다. 제임스가 네 살 정도에 죽었기 때문에 함께한 기간은 고작 1년 정도밖에 안 됐지만 제임스는 잉그리드의 마음속에 영원히 간직될 인상을 남겼지요. 저는 그 이유를 알 수 있습니다. 잉그리드를 대신해 제가 말하고 있는 대화의 중간으로 들어갑니다.

■ **제임스** James

로렌: 네가 나를 그렇게 사랑해준 것이 나에겐 굉장한 의미였단다. 침대에서 같이 자는 게 나를 돌봐주는 한 방법이라고 느꼈어.

제임스: 그래요. 하지만 그 이상이죠. 조용히 우리가 연결되어 있다는 것을 함께 느끼는 한 방법이었죠. 참 평화로웠어요. 자는 동안 우리 영혼은 서로 어우러질 수 있었죠. 아시잖아요, 우리는 (몇 생을 같이하면서) 아주 오랜 세월 동안 우리 사이에 존재하는 이 사랑을 나누었지요.

로렌: 정말 보고 싶어. 다시 만날 것을 고대한단다.

제임스: 어디가 될지 모르지만 우리는 반드시 다시 만날 거예요. 항상 이 연결을 간직한 채 힘든 시기를 지나는 동안에도 서로를 도울 수 있는 방법을 찾을 거예요. 진정으로 사랑이 작용하는 방식은 그렇지요. 사랑은 시간과 공간을 초월하니까요.

저는 제임스가 "자는 동안 영혼이 서로 어우러진다"라고 한 그 표현을 좋아합니다. 많은 사람들에게는 오직 잠자는 동안만이 끊임없이 떠들어대는 자신의 마음으로부터 도망쳐 내면의 자아가 드러날 수 있기 때문입니다. 제임스와 잉그리드가 지상에 있는 동안에는 잠이 그 영혼들이 상호작용할 수 있는 문을 제공해주었던 거지요.

세상을 건너갈 때 동물들은 종종 우리에게 선물을 줄 방법을 찾습니다. 그것은 예쁘게 포장된 선물이 아니라 여러분이 그들의 영원한 진수와 연결을 유지할 수 있게 해주는 독특하고도 경이로운 선물이지요. 이런 선물은 동물이 여러분에게 가르쳐주었던 (혹은 지금도 가르쳐주고 있는) 교훈일 수도 있고, 그 동물이 여러분과 함께 나누고 싶어 하는 경험이나 안내 또는 흥미진진한 모험으로의 초대일 수도 있습니다. 클레오라는 이름의 놀라운 올빼미도 친구였던 리사에게 매우 특별한 선물을 주었지요. 리사는 지역 조류 보호구역의 자원봉사자로 수년간 야생 조류들의 재활을 돕는 데 헌신했습니다. 대화의 거의 마지막 부분을 보겠습니다. 저는 리사를 대신해 이야기하고 있습니다.

■ **클레오** Cleo

로렌: 네가 나의 인생에서 얼마나 축복인지 몰라. 너를 기리기 위해 혼자 산책로를 걸을 거야. (리사는 보호구역 가까이에 있는, 둘이 함께 산책하던 나무가 우거진 지역을 말하고 있습니다.) 마지막으로 다시 한 번 너와 함께 걷지 못해서 안타까워.

클레오: 아, 우리는 마지막 산책을 함께할 수 있어요. 산책로에 올라 저를 부르세요. 그럼 엄마에게로 갈게요. 엄마에게 일어난 일을 저에게 말해주세요. 저도 엄마에게 제 이야기를 들려드릴게요. 엄마는 정말 다정하고 상냥해요. 엄마는 사랑하는 존재들에게 엄마의 마음을 완전히 주시잖아요. 그건 훌륭한 일이지만 엄마가 사랑하는 존재를 잃을 때는 너무 힘들어요.

로렌: 맞아, 그건 내가 마땅히 치러야 할 대가지.

클레오: 하지만 그런 경험을 하면서 엄마가 가져다주는 행복과 엄마가 행하는 선에 대해 생각해보세요. 엄마는 돌보는 존재

와 같아요. 우리 올빼미들은 지구와 자연, 자유, 삶의 기쁨에 관한 메시지를 가져오지요. 엄마는 그런 메시지를 돌보는 존재와 마찬가지죠. 왜냐하면 엄마는 우리를 보살펴주고 우리의 메시지를 세상으로 내보내는 데 참여하니까요. 나는 정말로 엄마도 메신저와 같다고 생각해요.

로렌: 그렇게 생각하니? 나도 그랬으면 좋겠어.

클레오: 엄마가 우리의 산책로나 앉을 수 있는 조용한 장소에 있을 때 저를 불러주세요. 엄마의 깊은 내면으로 들어가서 저를 찾으세요. 엄마가 한 번도 해본 적이 없는 비행 경험을 시켜드릴게요. 엄마에게 제 관점에서 지구를 보여드릴게요. 지구를 보호하기 위해 엄마가 돕고 있는 것을 완전하게 보고 이해할 수 있도록 말이에요. (클레오는 나에게 자신의 눈을 통해 보여주었습니다. 상록수와 강 위로 높이, 다른 새들 사이를 비행한 다음, 급강하해서 땅으로 내려왔습니다. 이것은 제가 해본 가장 신나는 경험 중 하나였습니다!)

로렌: 정말 고마워, 얼마나 소중한 선물이니!

클레오: 엄마 역시 우리 올빼미들에게 소중하답니다. 그럼 곧 다시 만나요.

클레오가 리사에게 선물하고 있는 비행 경험이 얼마나 독특하고 경이로운가요. 다른 존재의 영원한 진수와 함께 높이 날아오르는 기회 말입니다. 한번 경험하면 리사는 평생 잊지 못할 것입니다.

동물이 반려인에게 줄 수 있는 가장 놀라운 선물 중 하나는 그 사람의 가이드나 멘토가 되는 일이라고 생각합니다. (가이드와 멘토, 이 두 단어는 많은 사람과 동물에게 동의어로 사용되는 것 같습니다.) '수호천사'도 이미 많이 익숙한 개념이지요. 여러분의 행복을 돌봐주고, 만약 요청한다면 도움을 줄 수 있다는 의미에서 가이드와 다르지 않습니다. 여러분 인생의 여러 방면에 대해 아주 특별하고 (바라건대) 편견 없는 견해를 제공할 수 있는 그들은 종종 조력자helper나 조언자advisor로 묘사됩니다. 바이런이 이 책과 관련해 지금 저를 지도해주고 있음을 대단한 축복으로 느낍니다. 루는 죽은 후에 저의 커뮤니케이션 가이드 가운데 하나가 되었고, 저세상으로 건너간 동물에 대해 도와달라고 저는 가장 먼저 루를 부릅니다. 루는 그 동물과 저의 연결을 촉진해주고 때로는 요청하면 지상에 있는 어떤 동물이 가진 특정한 문제를 어떻게 다뤄야 하는지 조언해주기도 하지요. 그러나 도움을 청하지 않으면 가이드는 여러분을 도와줄 수 없다는 말을 가이드와 함께 일하는 동물이나 사람들에게서 종종 듣습니다.

수호천사의 역할을 하게 된 개와의 대화를 들려드리고 싶군요. 이름은 노마 진으로 수년 전에 죽었지요. 상당히 나이가 들어 죽었습니다만 아주 끔찍한 죽음이라고 여길 만한 것이었습니다. 노마 진의 반려인 케이는 시더힐 동물보호구역을 운영했는데, 미시시피에 있는 사설 보호구역으로 버림받거나 학대당하고 집 없이 방치된 고양이들을 보살펴주고 있었습니다. 그 보호구역은 축복받은 곳입니다. 아주 특별한 수호천사 노마 진이 그곳과 거기에 살고 있는 동물들의 안녕을 지켜주기 위해 케이와 함께 일하고 있기 때문이지요. 저는 케이를 대신해 말하고 있습니다.

■ **노마 진**Norma Jean

로렌: 어떠니?

노마 진: (노마 진은 자신의 죽음을 둘러싼 상황에 대해 케이가 걱정했던 사실을 알고 있었습니다.) 엄마는 그 생각을 놓아버려야 해요. 엄마의 잘못이 아니었어요. 엄마를 돕기 위해 할 수 있는 말을 생각해내는 게 어렵네요. 그때는 제가 떠나야 할 때였고, 있을 수 있는 만큼 엄마와 함께 있어서 정말 너무나 행복했어요.

로렌: 아, 나에게는 엄청나게 힘든 충격이었어.

노마 진: 전 엄마를 잘 알고 무척이나 사랑해요. 저를 엄마의 작은 햇살, 한 줄기 빛으로 생각해주세요. 동물들과 관련해서 엄마를 도와드릴게요. 저는 천사처럼 이 지역에 있는 빛

의 존재와 같아요.

로렌: 나는 네가 여기 있다고 생각하고 있었어.

노마 진: 예, 맞아요. 여기 엄마의 안과 밖에. 엄마 외부의 삶(케이의 지상의 몸)의 한 부분에서 내면의 삶으로 옮겨갔어요. 저는 엄마를 안내해드려요. 걱정할 이유가 없어요. 저는 지금 훨씬 더 좋은 곳에 있고요, 몸에 대해 걱정할 필요도 없어요. 저는 평화롭고 엄마의 일을 돕는 임무를 좋아해요.

로렌: 참 놀랍구나. 고마워. 구체적으로 나를 어떻게 도와주니?

노마 진: 엄마가 보호구역에 도움이 되는 선택을 하도록 안내하지요. (여기서 노마 진은 저에게 이 지역을 날아다니는 날개를 단 천사 개의 모습으로 자신을 보여주었습니다.) 깊은 내면에서 도움을 청하면 저는 응답한답니다. 저는 엄마와 시더힐을 위한 천사와 같아요.

로렌: 그래, 알 수 있을 것 같아. 정말 죽음의 방식이 너무 끔찍했어.

노마 진: 아니오. 그렇지 않았어요. 아주 빨랐고요. 고통은 없었어요. 완벽했지요. 저에게 존엄과 은총을 허락해줘서 육체와 싸울 필요가 없었어요.

로렌: 그 생에서 목적은 무엇이었니?

노마 진: 은총, 기쁨, 사랑이죠. 지금 여기에서도 그래요. 엄마

를 돕는 데는 이곳이 저에게 최고의 장소랍니다. 저를 믿으세요. 항상 저는 엄마의 가슴속에 무엇이 들어 있는지, 엄마는 제 가슴속에 무엇이 들어 있는지 서로 알고 있었죠. 저는 진실을 말해요. 죽음의 슬픔이 아니라 삶의 기쁨으로 저를 바라봐주세요. 여전히 엄마와 같이 있을 수 있고 엄마를 도울 수 있잖아요.

로렌: 그래, 이제 알겠어. 고마워. 또 언제 너와 얘기해야 할 것 같아.

노마 진: 엄마를 위해 늘 여기에 있을 거예요. 언제나 그랬던 것처럼.

로렌: 사랑해.

노마 진: 저도요. 언제까지나.

케이와 시더힐을 안내해주는 강하고 사랑이 충만한 영혼이 있다는 것은 얼마나 좋은 일인가요? 앨리슨에게도 안내해주는, 네 살에 암으로 죽은 개 미치가 있습니다. 죽기 직전에 저는 미치와 이야기를 나누었습니다. 우리는 미치가 곧 저세상으로 떠나가는 것에 대해, 그리고 그것이 미치와 앨리슨에게 무엇을 의미하는지, 그 죽음으로부터 앨리슨이 무엇을 배울 수 있는지에 대해 얘기했지요. 저는 캐나다에서 라이프 코치로 활동하고 있는 앨리슨을 대신해 대화하고 있습니다.

■ **미치**Mitsi

로렌: 너를 무척이나 사랑해. 너무 많은 슬픔을 보이지 않으려고 하지만 정말 잘 되지 않아. 그것 때문에 네 마음이 불편하니?

미치: 그럼요. 마음이 아프고 힘들어요. 엄마를 떠나는 게 힘들어요.

로렌: 왜 지금 떠나는지 알고 있니?

미치: 가야 할 때이니까요.

로렌: 이번 생에서 너의 목적이 무엇이었니?

미치: 치유가, 엄마를 위해 치유가가 되는 것이었죠. 사랑과 기쁨이 상처를 치유한다는 걸 엄마에게 일깨워드리기 위해서였죠.

로렌: 그래, 고마워. 하지만 지금 네가 떠나는 게 몹시 어려운데 이것이 어떻게 나에게 도움이 된다는 거니?

미치: 끔찍하게 보인다는 것, 저도 알아요. 엄마는 제가 가르쳐드린 교훈을 받아들여서 제가 떠난 후에 활용해야 돼요. 이 교훈(사랑과 기쁨이 상처를 치유한다)을 완전히 이해해서 엄마의 도움을 받는 사람들과 함께 나누어야 해요.

로렌: 그러면 그것은 나와 내 고객을 위한 것이로구나?

미치: 그래요.

대화의 뒷부분에서 미치는 앨리슨이 반드시 배운 교훈을 활용해야 한다고 말했습니다. 저세상에서도 반려인과 함께 계속 일하고 싶어 하는 또 다른 동물 토르가 여기 있습니다. 자연요법의自然療法醫 수련과정을 밟고 있던 샘의 친구 개 토르와 저는 이야기를 나누었지요.

■ **토르** Thor

로렌: 건강하니?

토르: 아주 건강해요. 이곳은 정말로 멋지고 평화와 사랑이 충만해요. 아빠도 언젠가 알게 되겠죠, 아직은 멀었지만.

로렌: 그래, 아직은 아니겠지. 토르야, 사랑한다. 보고 싶구나.

토르: 저도 알아요. 힘드신 것 알아요. 죄송해요, 그때는 제가 떠나야 할 때였어요.

로렌: 왜?

토르: 내적(영적·감정적)으로 준비가 되어 있었어요. 아빠도 내적으로 준비가 되어 있었죠. 여기에서 저는 아빠에게 더 도움이 될 수 있어요.

로렌: 가이드로서 나를 도와주는 거니?

토르: 예, 그렇게 할 거예요. 이곳에는 엄청난 치유의 에너지가 있거든요. 아빠를 위해 치유하는 가이드가 될 수 있어요.

로렌: 구체적으로 너의 가이드를 어떻게 사용할 수 있을까?

토르: 아빠가 공부할 때나 치료할 때 저를 불러 주세요. 훌륭한 치유에는 침을 어디에 놓아야 할지 어떤 처방을 해야 할지 아는 지식 이상의 것이 필요해요. 생각이란 게 있잖아요. 마음을 하나로 모아서 치료하는 곳에 궁극의 치유 에너지인 사랑을 불어넣는 것이죠. 그런 방식으로 아빠를 안내할 수 있어요. 아빠가 배우는 것을, 다른 존재들을 치유하는 걸 도울 거예요.

로렌: 고맙구나. 멋질 거야.

토르: 그럼요. 우리는 다시 함께할 거예요. 단지 방식이 다를 거예요.

로렌: 정말 흐뭇해. 우리의 친밀한 관계가 그립단다. 그래도 여전히 너를 느낄 수는 있어.

토르: 그래요, 맞아요. 아빠가 어떻게 해야 할지 모르실 때 저를 불러주세요. 그럼 제가 도와드릴게요. 힘드신 것 알고 있어요. 하지만 저의 죽음이 끝은 아니잖아요. 아빠와 저, 우리 새롭게 시작하는 거예요. 진짜 신이 나요.

로렌: 그래, 그래. 너라는 가이드가 있어서 감사해.

토르: 저를 사용한다는 것, 꼭 기억하세요!

로렌: 그럴게.

저세상의 가이드나 멘토가 있을 정도로 축복받은 사람들에게도 가이드가 그곳에서 우리를 위해 할 수 있는 것에 한계가 있음을 알아야 합니다. 예를 들어, 가이드와 멘토는 '그거 좋은 생각 같이 들리는데, 그거 좋은 생각 같아 보이는데' 라는 식으로 우리가 기회를 알아차리도록 도와줄 수 있고, '내가 느끼기에 그건 맞는 것 같아, 그건 맞지 않는 것 같아' 처럼 보통 직감이라는 것을 통해 사물을 감지하도록 도와줄 수 있습니다. 만약 우리가 단어나 그림을 통해 정보를 받아들일 수 있을 만큼 열려있다면 그런 방식으로 우리를 도와줍니다. 하지만 제가 이해하는 바로는, 우리의 선택이나 인생행로에 가이드가 직접 영향을 끼칠 수는 없습니다. 그들이 도움과 의견이나 암시를 줄 수는 있지만 선택은 최종적으로 우리가 해야 하는 것이지요.

동물이 우리를 위해 얼마 동안 가이드 역할을 해줄까요? 경우에 따라 다릅니다. 여러분의 배움의 곡선과 계속 도움과 가이드를 필요로 하는지의 여부에 따라 다릅니다(만약 여러분이 전혀 그들을 사용하지 않으면, 오래 곁에 머물러 있지는 않을 것입니다). 물론 동물 친구가 자신의 영적 여정에서 해야 할 다른 일이 있는지에 따라 달라질 수 있습니다. 그들이 환생해서 배움의 과정을 계속해나가야 할 때인지, 그들의 도움을 더 이용할 수 있는 다른 사람이나 동물이 있는지, 많은 변수가 있습니다. 죽은 지 4년이 지났는데도 루가 아직도 저와 함께 일해주고 있어서 대단히 감사하고 있지만 루가 영원히 제 곁에 있지 않을 것임은 알고 있습니다. 바이런은 제가 이 책을 끝낼 때까지 도와주기 위해 가까이에 머물고 있겠지만 그 후에는 자신을 위해 필요한 일을 해나갈 거라고 생각합니다. 아마도 여러분은 이해하실 거예요. 제 마음 한 구석은 이 책을 끝내는 데 시간을 끌고 싶어 한다는 것을!

루와 바이런이 제 인생에서 더 이상 '적극적인' 역할을 하지 않는 날이 오지 않기를 바랍니다. 그러나 저 그리고 루와 바이런은, 우리의 내적 존재, 우리의 진수를 충분히 붙들 수 있게 되었다는, 그래서 서로의 영원한 연결끈을 가질 수 있게 되었다는 것은 잘 알고 있지요. 얼마나 많은 생을 다시 태어난다 해도 루와 바이런, 아버지 그리고 세상을 떠난 사랑하는 사람들에 대한 영혼 기억은 제 존재의 본질을 구성하는 없어서는 안 될 부분으로 저와 함께 남을 겁니다. 종종 다른 존재에 대한 영혼 기억은 그 존재에 대한 여러분의 사랑 또는 여러분에 대한 그 존재의 사랑으로 나타납니다. 사랑은 우리가 다른 존재와 가질 수 있는 가장 단순하고 가장 강력한, 그리고 지속적인 연결끈이지요. 터피라는 이름의 개가 이것을 아주 아름답게 표현했습니다.

"제가 있는 이곳은 조건 없는 사랑의 공간이에요. 그런데 저는 여러분 한 사람 한 사람의 마음속에 이곳과 같은 아주 작은 장소를 남겨두었답니다. 그곳은 여러분에 대한 저의 조건 없는 사랑으로 가득 차 있습니다."

이렇게 그 영원한 진수는 계속 살아 있는 것입니다.

Chapter 7

슬픔 마주하기

죽음에 대해 이해하지만
그래도 마음이 아픕니다.

외롭거나 슬프다고 느낄 때면
가슴을 여세요.
오랜 세월 동안 제가 당신에게 드렸던
모든 사랑과 빛이 흘러 들어갈 수 있게.
그러면 사랑 충만한 빛이
당신의 슬픔을 채워줄 거예요.

Chapter 7

우리 동물이 죽을 때 그 슬픔의 감정과 마주하는 것은 하나의 시험대가 될 수 있습니다. 게다가 대부분의 사회에서 사랑하는 반려동물에 대한 슬픔이 완전히 이해되지 않고 있기 때문에 그 과정은 보통 복잡합니다. "그저 한 마리 동물일 뿐인데, 다른 녀석을 가지면 되잖아"라고 말하는 사람도 있지요. 우리 대부분에게 동물은 소중한 가족의 일원입니다. 동물은 복잡하지 않는, 조건 없는 사랑을 우리에게 줍니다. 동물은 결점이 있는 그대로의 우리를 받아들이지요. 여러분의 개나 고양이, 말, 토끼, 새들은 하루하루의 매 순간이 음미되고 향유되어야 한다고, 그 순간순간이 지금 바로 여기에 존재할 수 있는 그들의 놀라운 능력으로부터 오는 선물이라고 여러분에게 일깨워주기도 합니다. 이런 존재들은 반려자이자 친구, 스승, 학생, 그리고 소울메이트입니다. 그런 동물이 죽었을 때 우리가 슬퍼한다는 것이 그렇게 놀랄 일일까요?

앞 장에서 우리가 사랑하는, 세상을 떠난 존재의 진수와 그 진수에 대한 우리의 연결끈을 간직함으로써 그 존재와 연결을 계속 유지할 수 있다는 것을 알게 되었습니다. 많은 죽은 동물들이 그들의 진수가 우리에게 위안을 주기 위해 얼마 동안 우리 가까이 머무는 경우가 아주 흔하다고 말했습니다. 5장의 허기를 떠올려보세요. 허기는 가끔 엄마를 방문하는데, 특히 하루 중 밤이나 보통 엄마와 함께 시간을 보내곤 했던 때에 찾아온다고 했습니다. 루가 죽었을 때 저는 닷새 동안 왼쪽 옆에서 루의 영혼을 느꼈습니다. 이 체험은 저에게 위안을 주었을 뿐 아니라 루가 행복하고 기쁨에 차 있음을 확신하게 했지요. 이런 말을 한 여성도 있었습니다. 고양이가 죽고 나서 일주일 동안 밤마다 그 고양이가 침대 위로 폴짝 뛰어올라 그녀 옆에 몸을 구부리고 자는 것을 느낄 수 있었다고 말입니다. 동물이 죽고 난 후에도 어쩐지 혼자가 아니라는 느낌이 들 때가 있습니다. 그럴 때에는 그 느낌에 바짝 주의를 기울여보세요! 어디선가 동물 친구의 느낌이 나는 것 같으면 하던 일을 멈추고 조용히 한 다음 여러분에게 다가오는 것을 듣거나 느껴보세요.

어떤 것도 듣거나 느낄 수 없는 그런 쓸쓸한 시간에는 어떻게 하세요? 우리는 그저 세상을 떠난 우리의 동물 친구를 한없이 그리워하지요. 그 동물과 함께 키워온 작은 버릇과 일상이 의미나 목적이 전혀 없어 보이는 여러분의 하루에 구멍을 뻥뻥 뚫어 놓으며 모두 사라져버리지요. 그 구멍은 점점 새로운 경험으로 채워지고 우리는 앞으로 나아가긴 하지만, 시간이 걸리고 슬픔을 치유하는 작업이 필요합니다.

많은 사람들에게 슬픔은 죽은 동물의 사체와 함께 시작됩니다. 우리 반려동물들이 죽은 후에 지상에 남겨진 자신의 육체에 대해 어떻게 느끼는지 한번 보시지요. 이것은 그 동물의 사체(유골)를 특별한 방식으로 존중해주고 싶어 하는 많은 사람들에게 아주 중요한 문제입니다. 어떤 사람은 그렇게 하는 것이 세상을 떠난 친구와 더 가까이 느끼게 해줄 것이라고 믿습니다. 이제는 보다 격식 있는 방법으로 동물의 죽음을 기리기 위해 동물의 화장이나 입관 의식도 제공하는 장례업체들이 점점 늘어나고 있지요. 제가 사는 지역에는 '반려동물의 화장'만을 전문으로 하는 회사도 있습니다. 동물의 유골을 존중해주는 것이 종결의 의미를 부여하기 때문에 아주 도움이 된다고 저는 생각합니다. 보통 제 동반자와 저는 우리 동물 친구를 화장한 다음, 마음에 준비가 되면 유골을 뿌려주고 그 주위에 아름답게 꽃을 피우는 식물을 심어 그 동물을 애도합니다.

저는 그 식물이 무성하게 자라고 꽃을 활짝 피우는 이미지를 좋아합니다. 사랑하지만 지금은 곁에 없는 그 존재도 잘 성장하고 아름답게 꽃 피우기를 바라는 마음과 같지요.

종종 세상을 떠난 동물에게 사체나 유골을 어떻게 해주기를 원하는지 물어봐달라는 부탁을 받습니다. 아이들이 노는 곳 근처에 묻어주기를 원한다고 말한 고양이도 있었지요. 어떤 개는 화장한 자신의 유골을 좋아했던 강의 흐르는 물에 뿌려달라고 했습니다. 하지만 대부분의 동물들은 우리가 그 유골을 어떻게 다루는가는 그다지 중요한 문제가 아니며, 그 의식은 주로 남겨진 우리를 위한 상징 행위라고 생각합니다. 오쉬라는 이름의 말은 매장방법이 마음에 들었는지를 묻는 반려인의 질문에 이렇게 대답합니다.

"일단 영혼이 육체를 벗어나면 육체는 그다지 중요하지 않아요. 그저 껍데기일 뿐이죠. 사체를 소중히 다루는 것이 그 존재의 영혼과 기억을 어떻게 존중하는지 반영할 수 있기 때문에 중요하다고 생각해요. 하지만 존중은 사체를 다루는 방식만이 아니라 생각을 통해서도 보일 수 있어요. 엄마가 제 육신을 존중해주기 위해 애써주셔서 감사해요."

앞 장에서 우리가 만났던 토르는 이렇게 말했습니다. "제 육체는 더 이상 현재의 저는 아니지만 과거의 저를 상징하지요."

그 동물이 여러분에게 얼마나 소중한 존재였으며 어떤 큰 의미가 있었는지를 표현하기 위해 사랑과 존중으로 그 동물의 유골을 다른다면, 여러분의 치유를 돕는 데 적절하다고 생각하는 어떤 방식을 선택해도 되는 것 같습니다.

저세상에 있는 존재와 연결하는 것은 사랑하는 존재의 죽음에 동반될 수 있는 슬픔과 상실감 심지어 죄책감까지도 어느 정도 완화시키는 데 도움을 줄 수 있습니다. 이 부분에서 애니멀 커뮤니케이션이 많은 도움이 될 수 있다고 말씀드려도 여러분은 놀라지 않으실 겁니다. 직접 동물과 연결하여 심오한 것에서부터 사소한 것까지 이야기를 나눌 수 있다면 큰 안심이 될 수 있을 거예요. 상실에서 가장 힘든 부분 가운데 하나는 여러분의 일상에서 하루하루의 변화를 마주하는 것이지요. 아침에 일어났을 때 아직도 저는 바이런이 침대 위로 뛰어올라오기를 기대하고 있다가 아무런 일도 없으면 여전히 슬퍼집니다. 이런 뼈아픈 순간들과 마주하고 있는 저에게는 바이런과 연결할 수 있고 그에게 말할 수 있다는 것이, 단 몇 분만이라도 제 가슴과 감정에 정상이라는 느낌을 회복할 수 있어서 위안이 됩니다. 그에게 말하는 것은 제 가슴속에서 약간의 평정을 되찾는 데 도움이 되지요. 그저 그의 영혼, 그의 영원한 진수와 연결하는 것이 그런 것처럼.

이미 세상을 떠나 저세상에 있는 동물과 연결하는 데 완벽한 시기는 없습니다만 제 경험에 근거해서 대략 가이드라인을 드리고 싶어요. 동물이 새로운 존재에 적응하는 시간을 주기 위해 적어도 사망 후 며칠은 기다리는 게 좋다고 생각합니다. 이것은 실제로 여러분이나 어떤 애니멀 커뮤니케이터가 저세상에 있는 동물과 연결할 때 그 동물이 좀 더 안정되어서 사물에 대해 어떤 의식을 가질 수 있음을 뜻합니다. 일반적으로 말하면 저세상에 있는 동물은 다른 몸으로 환생하는 시점까지 연결할 수 있습니다. 환생할 때 저세상의 동물은 자신의 영혼, 즉 진수를 취해서 새 이름과 새 육체 의식을 가진 새로운 지상의 존재가 됩니다. 기본적으로는 어떤 동물을 알려진 예전의 이름으로 불렀는데 응답이 없다면 그 동물이 지상에 돌아와 있다고 생각할 수 있다는 뜻이지요.

저세상에 있는 동물은 자신의 과거 생에 대한 기억을 갖고 있기 때문에 그 동물이 세상을 떠난 지 한참이 지난 후라도, 심지어 지상에서 한두 생을 더 경험한 후라 해도 타이밍만 잘 맞으면 그 동물과 연결할 수 있습니다. 아주 일반적인 법칙으로 저세상에 있는 동물과 연결되는 확률은 2년 이상이 지나면 조금씩 낮아지는 것 같습니다. 이것은 아주 일반적인 예이고 지상으로 돌아오기 전에 훨씬 더 오랫동안 저세상에 있는 동물도 많습니다.

여러분이 직접 또는 애니멀 커뮤니케이터를 통해 여러분의 동물과 연결하는 것 외에도 시중에는 슬픔의 과정에 있는 여러분을 돕기 위해 제작된 책들이 많이 있습니다. 애도하는 방법에 대한 개인적인 제안 몇 가지를 아래에 간략히 소개해 두었습니다. 저의 친한 친구이자 전국적으로 잘 알려진 사별 슬픔 극복 상담가인 캐슬린 브라자는 '의식'을 만들어 행하는 것이 사랑하는 친구를 치유의 방식으로 기억하는 데 도움이 될 수 있다고 했습니다. 캐슬린은 제가 몇 가지 아이디어를 묶어 정리하는 일을 도와주었습니다.

- 슬픔을 흘려보내는 데 도움이 되도록 여러분의 동물에게 편지를 씁니다. 잠시 후에 여러분의 동물이 여러분에게 보내는 답장이라고 생각하고 편지를 써보세요. 후자는 그 동물이 여러분에게 이야기하는 아주 독특한 방법입니다.
- 그 동물의 목줄, 특별한 장난감, 이름표 같은 물건들을 담아 놓을 수 있는 추억의 상자를 만듭니다.
- 그 동물의 생일이나 기일에 장미 넝쿨이나 나무 심기, 동물 애호단체에 기부하기 등의 의식을 만들어 행합니다.
- 사진첩을 꾸미거나 디지털 이미지로 컴퓨터 슬라이드 쇼를 만듭니다.
- 사랑하는 존재에 대한 여러분의 회상을 판단 없이 기꺼이 들어줄 누군가를 찾아봅니다.
- 여러분이 '안녕'이라는 작별인사를 고할 수 있도록 동물의 사체나 유골을 포함하는 의식을 만들어 여러분과 그 동물의 관계에서 육체적인 부분에 대한 종료의 의미를 갖습니다.

슬픔과 상실을 어떻게 다루느냐는 것은 지극히 개인적인 일입니다. 잃어버린 반려동물에 대해 여러분이 가지고 있는 감정의 깊이를 이해하지 못하는 사람들 때문에 주눅 들지 마세요. 그 사람들이 여러분에게 "지금 당장 그것을 극복해야 한다"고 말하도록 내버려두지 마세요. 애도하는 일은 하나의 과정이며 필요한 만큼의 시간이 걸립니다. 마음의 방식은 신비롭고 심오하기 때문에 어떤 식으로든 재촉할 수 없습니다.

어느 시점에서 여러분은 다른 동물을 갖고 싶다고 느낄 수도 있습니다. 어떤 사람들은 그렇게 할 경우 죽은 동물이 배신당했다고 느끼거나 여러분 마음속의 자리를 빼앗겼다고 느끼지 않을까 걱정을 하기도 합니다. 여러분의 걱정과는 정반대로 아주 많은 죽은 동물들이 사랑과 보살핌을 필요로 하는 동물들에게 그 사랑을 나누어주도록 반려인을 격려해달라고 저에게 부탁합니다. 자신의 자리를 차지한 새 반려동물을 질투하기는커녕 반려인이 주는 사랑을 다른 존재와 함께 나눌 수 있고 그것으로 다른 존재가 이로움을 얻을 수 있다는 것에 동물들은 기뻐합니다. 그들은 특히 보호소에 있는 동물들을 입양하라고, 우연히 길에서 마주친 것처럼 보이는 길 잃은 동물들을 데리고 가라고 간절히 부탁합니다. 길을 잃은 그 동물이 혹시 여러분을 찾아서 헤매고 있는 중일지도 모르니까요. 그러나 여러분의 집과 마음이 새로운 사랑으로 가득 찼다 할지라도 저세상에 있는 여러분의 동물 친구를 애도하는 것은 여전히 중요하다는 사실을 꼭 기억하시기 바랍니다. 새 동물이 여러분의 옛 친구를 대신하는 것이 아니라 그저 여러분의 사랑을 새 친구와 함께 나누는 것일 따름이니까요.

아직도 애니멀 커뮤니케이션 기술(저는 정말로 그것이 타고난 재능이 아니라 기술이라 믿습니다)에 숙달하지 않는 분들은 여러분을 도와줄 전문 애니멀 커뮤니케이터에게 연락하는 방법도 있습니다. 커뮤니케이터를 선택하는 요령 몇 가지를 아래에 소개해드릴게요. 먼저 저는 여러분이 직접 텔레파시로 연결하는 법을 배우는 게 어떨지 고려해보셨으면 합니다. 저는 일하는 대부분의 시간을 바로 여러분과 같은 사람들에게 애니멀 커뮤니케이션을 가르치면서 보냅니다. 시중에는 방법을 가르쳐주는 책들이 어느 정도 나와 있는데 질적인 차이는 있습니다. 저는 동물들이 하고 있는 말을 들을 수 있는 내면의 고요한 장소에 사람들이 이를 수 있도록 돕는 가정학습용 애니멀 커뮤니케이션 DVD와 CD ROM을 제작했습니다. 커뮤니케이션을 가르치는 사람들이 명상기법을 많이 사용하지만 저는 그렇지 않습니다. 명상이 훌륭한 것이라고 생각하지만, 동시에 온 방향으로 정신을 쏟고 있는 듯한 바쁜 세상에서 일반 사람이 배우기는 어렵습니다. 저의 접근법은 '과정지향적'인 것으로 대다수의 사람들이 보다 빠르고 좀 더 쉽게 배울 수 있다고 생각합니다.

전문 애니멀 커뮤니케이터를 찾으려는 분에게 유용한 요령 몇 가지를 알려드리겠습니다.

- 인간적으로 친밀한 관계를 맺을 수 있겠다는 느낌이 드는 사람을 찾으세요. 다른 직종과 마찬가지로 애니멀 커뮤니케이터도 형태, 규모, 성격 면에서 매우 다양합니다. 만약 죽음이나 상실 같은 마음의 문제를 이야기하려고 한다면, 여러분이 믿을 수 있고 마음 편한 관계가 될 수 있다고 느끼는 사람과 함께하는 편이 훨씬 더 편안할 것입니다.
- 저세상의 동물과 연결해본 경험이 있는 사람을 고르세요. 세상을 떠난 동물과 대화하는 것이 더 어려워서가 아니라 다르기 때문입니다. 저세상에 있는 동물과 대화하기 위해서 그 사람은 더욱더 '자신의 육체에 안정되어 있고', 중심이 잡혀 있고, 균형을 이루고 있어야 합니다.
- 다른 사람으로부터 추천을 받아보도록 하세요. 저희 직종은 행동강령이라든지 정식 윤리 기준이 없으며, 커뮤니케이터마다 실력도 다릅니다. 개인의 추천만한 것이 없습니다.
- 수수료에 대해 먼저 체계적으로 정하고 그 커뮤니케이터가 커뮤니케이션하는 방식을 이해하도록 하세요. 제가 아는 모든 커뮤니케이터들은 멀리서도 동물의 사진을 보거나 최소

한 그 동물을 충분히 설명한 글을 읽고 동물과 대화합니다. 텔레파시는 거리가 장벽이 되지 않으므로 여러분 가까이에 살고 있는 사람을 찾아야 한다는 걱정을 할 필요는 없습니다. 저는 현재 미국 오리건 주에 살고 있지만 미국 각지뿐 아니라 일본, 홍콩, 유럽, 캐나다에도 의뢰인이 있습니다.

여러분과 통화를 하면서 그 동물과 대화를 하는 애니멀 커뮤니케이터도 있고, 예약된 통화 시간 전에 미리 여러분의 질문을 받고 커뮤니케이션을 하는 커뮤니케이터도 있습니다. 저는 후자에 속하지만 커뮤니케이터가 전화상으로 여러분의 동물과 있는 동안 여러분이 비싼 장거리 전화요금을 지불하지 않아도 된다면 어떤 방식이라도 좋을 것입니다.

저는 진심으로 여러분이 직접 사랑하는 동물의 영원한 진수와 연결해보시라고 권합니다. 익숙해지기까지는 대화가 제대로 안 될 수도 있습니다만, 아마도 그들의 존재를 느끼기에 충분한 연결은 가능할 것입니다. 저는 '마음의 공간'이라고 부르는 여러분 내면에 있는 조용한 곳으로 여러분이 갈 수 있도록 도와주는 유도상상(명상의 한 변형)을 개발했습니다. 마음의 공간은 조용하고 중립적인 장소로, 거기에서 여러분은 동물이나 다른 사람과 텔레파시로 연결될 수 있습니다. '가슴으로의 여행'이라고 부르는 이 유도상상은 저의 웹사이트 www.intergratedanimal.com 에서 오디오 CD로 구할 수 있습니다. 이 오디오 디스크는 들으면서 그냥 이완하고 지시에 따르기만 하면 됩니다. 여러분이 시도해볼 수 있도록 아래에 그 방법을 소개합니다. 내용을 여러 번 읽어 순서에 익숙해지면 몸과 마음을 편안히 한 다음 스스로 해보시기 바랍니다. 기억하세요. 이것은 연습이 필요합니다. 당장 어떤 결과를 얻지 못하더라도 실망하지 마시기 바랍니다.

가슴으로의 여행
Journey to the Heart

조용한 방에서 앉거나 누워 편안한 자세를 합니다. 몸이 완전히 이완할 수 있는 자세를 취합니다.

편안하게 느껴지면 눈을 감습니다. 이제 의식을 머리에서 가슴 안쪽으로 옮겨가겠습니다.

마음속에서 자신의 모습을 그려봅니다. 엘리베이터를 타고 아래로 내려갑니다. 모든 번잡한 생각을 떨쳐버리고 머리에서 목으로 내려가서, 어깨를 지나 가슴 안으로 들어간 다음, 심장에서 멈춥니다.

이곳은 정적의 공간입니다. 여러분 마음의 공간입니다. 평화와 고요가 자연스럽게 여러분을 찾아오는 곳입니다.

여러분의 심장을 생각하고 심장 박동을 느껴보세요.

심장이 뛸 때마다 들리는 일정한 소리에 주의를 기울입니다. 그 리듬을 느껴봅니다.

호흡에 집중합니다. 숨을 들이쉬고 내쉽니다. 숨을 내쉴 때 여러분에게 있는 모든 긴장이 함께 날아가도록 합니다.

이제 다시 가슴에 주의를 집중하여 가슴으로 호흡하는 것을 상상합니다. 가슴으로 숨을 들이쉽니다. 가슴으로 숨을 내쉽니다.

어떻게 느껴지는지에 주의를 기울입니다. 여기, 여러분의 특별한 장소에 있음으로써 찾아오는 그 평화를 느낍니다.

가슴으로 호흡할 때 여러분은 자신만의 이 장소에 생명을 불어넣고 있는 것입니다.

이제 여러분이 아름답고 조용하다고 느끼는 한 장소를 상상하시기 바랍니다. 그곳은 바닷가나 산속의 풀밭이 될 수도 있겠지요. 이제 그곳으로 가세요.

자, 그곳에 있는 자신을 보세요. 여러분 주위에 어떤 색깔이 보이는지 살펴봅니다.

소리에 주의를 기울여보세요.

계속 가슴으로 호흡하면서 이 성스러운 공간에서 어떤 향기가 나는지 주의를 기울여보세요. 가능한 한 아주 자세하게 주위를 둘러보면서 여러분의 공간에서 시간을 좀 보냅니다. 다음 단계로 가기 전에 여러분이 정말로 그 장소에 있다는 것을 느끼세요.

여러분의 특별하고 성스러운 장소에 있을 때 한 동물이 여러분을 향해 다가옵니다. 그 동물은 여러분이 알고 있는 동물일 수도 있고, 과거에 알았던 동물일 수도 있으며, 아니면 전혀 모르는 동물일 수도 있습니다. 야생동물일 수도 있지요. 오늘 여러분과 함께 있을 필요가 있다면 어떤 동물이라도 여러분에게 오도록 그냥 두세요.

그 동물이 편안하고 행복한 모습으로 여러분을 향해 다가옵니다.

바로 여러분 옆에 있습니다.

자, 이제 동물 친구를 바라보고 그 동물 친구가 지금 여러분과 함께 그곳에 있으면서 무엇을 느끼고 있는지 그냥 상상해보시기 바랍니다. 둘은 그 장소에서 함께 서로의 가슴을 통해 호흡하고 있습니다.

여러분 친구와의 그 친밀함, 가슴과 가슴을 이어주고 있는 그 끈, 그 연결을 느껴보세요. 거기에 있는 사랑을 느껴보세요. 서로 함께 있는 그 느낌을 그냥 즐기세요.

그곳에서 계속 호흡하면서 여러분 마음의 공간에 있는 그 느낌을 그대로 유지합니다.

여러분 마음의 공간에서 여러분의 동물 친구가 여러분에게 뭔가 하고 싶은 말이 있는지 주의를 기울여봅니다. 아무것도 없을 수도 있고, 혹은 여러분과 함께 나누고 싶은 메시지가 있을지도 모릅니다. 아무런 느낌이 오지 않더라도 그저 이 특별한 시간을 함께하는 것으로 만족하시기 바랍니다.

원한다면 이때 여러분이 함께 나누고 싶은 것을 동물친구에게 말할 수도 있습니다.

준비가 되면, 여러분의 친구에게 감사와 작별의 말을 합니다. 이 장소는 여러분이 어떤 동물이나 사람과 특별한 연결을 원할 때 언제라도 돌아올 수 있는 곳이라는 것을 아시기 바랍니다.

여러분이 가슴으로 어떻게 호흡했는지, 숨을 들이쉬고 내쉴 때의 가슴의 리듬을 기억하세요. 여러분의 성스러운 장소에서 어떻게 느꼈는지 기억하세요.

이제 이 방으로 돌아와서 준비가 되면 천천히 눈을 뜨시기 바랍니다.

저는 이 방법을 언어와 문화가 다른 여러 나라의 많은 사람들에게 사용해봤습니다. 약간의 연습으로 대다수의 사람들이 살아 있거나 죽은, 자신이 사랑하는 동물과 연결할 수 있었습니다. 저는 사람들이 종종 동물 친구와 순수한 사랑의 연결을 맺으면서 강렬한 기쁨을 느끼는 것이 정말로 경이롭다고 생각합니다. 많은 사람들은 이 체험이 참으로 마음을 정화하는 것임을 알게 됩니다. 한 여성은 자신의 동물 친구가 죽었던 상황에 대해 11년간 가졌던 죄책감을 마침내 떨쳐버릴 수 있었다고 했습니다. 그녀의 고양이는 모든 것이 정해진 대로였기 때문에 그녀가 그 관계에 대해 죄책감을 느낄 필요가 없었음을 재확인하게 해주었지요.

여러분이 사랑하는 동물 친구가 죽었을 때 상실의 고통을 피할 길은 없습니다. 하지만 그 고통을 치유하고 육체적으로 덧없는 지상의 관계를 보다 영적이고 영원한 관계가 되도록 돕기 위해 여러분이 할 수 있는 일들이 있습니다.

Chapter 8

맺는 글

"이 생에서 나는 쓸모있음과 약간 쓸모없음
사이에서 균형을 이루었지요.
정말 잘 해냈잖아요! 얼마나 즐거운 삶이었다고요.
내 삶은 순풍에 돛 단 배처럼 만사 순조로웠거든요."

모든 존재에게는
각자의 길이 있지요.
그 목적이 항상
분명하지는 않지만
언제나 계획은 있어요.

Chapter 8

    동물이 사람보다 영리한 것일까요? 이 책은 동물들의 심오한 지혜를 많이 담고 있습니다. 그들은 어떻게 그렇게 많은 것을 알 수 있고, 지금 여기 the here and now 를 즐기는 것과 같은 복잡한 개념을 그렇게 쉽게 전할 수 있을까요? 사람들은 때때로 자신의 동물이 지상에 함께 있을 때 얼마나 지혜로운지, 혹은 저세상으로 옮겨 갈 때에 얼마나 지혜로워져 있는지를 보고 놀라곤 합니다. 심지어 가장 제멋대로이고 다루기 힘든 동물도 텔레파시로 커뮤니케이션할 때는 종종 시인이 될 수 있지요.

    실제로 동물이 사람보다 '지혜로운' 것일까요? 지상에 있는 동물들이 사람들보다 영적으로 기억상실증에 덜 걸린 듯이 보이지만 저는 그렇게 생각하지 않습니다. 어떤 이유에서인지 그들은 보다 높은 의식(자신의 영원한 진수)에서 나온 개념을 지상의 삶에 더 잘 통합할 수 있는 것처럼 보입니다. 아마 그들이 지상에 있을 때 삶과 죽음, 환생이라는 자연의 순환에 더 가깝게 연결되어 있기 때문일지도 모릅니다.

이 책에 나오는, 제가 대화해 본 동물들 대부분은 저세상에 있으며 온갖 종류의 지혜에 접근할 수 있는 일종의 '우주 도서관 카드'를 가지고 있는 것처럼 보입니다. 그러나 이것에 대한 균형감을 잃지 않기 위해서 저세상에 있을 때는 환생, 현재를 사는 중요성, 영원한 진수와 같은 것들과 다른 복잡한 주제들이 '일상'의 일입니다. 이러한 것들이 인간이든 동물이든 존재들의 삶 자체이기 때문에 존재들은 신비롭게 보이는 이런 것들을 분명하게 설명할 수 있지요.

동물들은 이세상의 삶이 소중하다고, 비록 우리에게 많은 고난을 안겨주더라도 음미되고 향유되어야 한다고 전합니다. 이 장을 시작하면서 소개한 인용구는 조안과 스킵과 함께 수상가옥에서 살았던 체어맨이라는 이름의 고양이가 한 말입니다. 저는 이것이 참 멋진 인용구라고 생각합니다. 자신만의 기발한 방법으로 체어맨은 삶에서의 균형과 즐김의 가치를 우리에게 일깨워주었습니다. 이세상과 저세상에 있는 동물들은 우리에게 삶이 항상 바빠야 하고 걱정으로만 가득 차 있으며 반드시 결과가 있어야 하는 것은 아니라는 사실을 잘 일깨워줍니다. 드물게 찾아오는 그런 정적의 순간과 우리에게 행복감을 느끼게 하거나 마음을 가다듬어 중심을 잡고 균형을 취하게 해줄 뿐이라는 이유로 그냥 하찮게 여겨질 법한 일들을 할 수 있는 능력은 대단히 중요합니다.

바로 이것이 최근에 우리 고양이 카디야가 저에게 절실히 느끼게 해준 교훈입니다. 그때 저는 네덜란드 강좌 준비로 사무실에서 정신이 없었습니다. 카디야는 반대편에서 의자 등에 몸을 걸친 채 그냥 저를 쳐다보고 있었지요.

■ **카디야** Kadijah

로렌: 오늘 하루 뭔가 순탄하지 않아. 할 일은 산더미인데 사흘 후에 출발이야. 은행에도 가야 하고 우체국에도 가야 하고, 이메일도 보내야 하고, 글도 써야 하고, 주말동안 강좌도 계속 있고, 개 사료도 사야 되고……. (저는 계속 말했습니다.)

카디야: (눈길을 저에게서 창문으로 돌려 멍하니 바라보면서) 그래요, 그래도 창문을 들어오는 햇살이 있잖아요. 저 안에 누워보세요.

로렌: (깜짝 놀라서) 오, (잠깐 멈춘 후) 응, 그래 좋아. 그러자꾸나. (그러고는 그렇게 했습니다.)

작은 일이었지만, 저는 햇살이 들어오는 바닥에 카디야와 함께 누워 스스로 만들어낸 혼란의 시간 사이에도 즐길 수 있고 이로움을 얻을 수 있는 평화의 순간이 있음을 다시 깨닫게 되었습니다.

이 책을 읽는 어떤 분들에게는 애니멀 커뮤니케이션이라는 이 개념이 아주 생소할 것입니다. 저는 설명이 불가능해 보이는 것들을 과학이 설명할 수 있고 다른 종들 간의 커뮤니케이션을 위한 문이 활짝 열릴 그때를 간절히 기다리고 있습니다. 그때까지 저는 회의적인 독자들도 초대해서 자신의 가치나 신념에 반하는 동물들이 전해준 메시지를 시험해보도록 하고 싶습니다. 그 메시지가 우리에게 그렇게 낯선 것일까요? 아니면 단지 텔레파시로 전해졌기 때문에 그토록 다르게 느껴지는 것일까요?

이 책에 나오는 동물들은 계속 돌기 때문에 죽음이 삶의 끝이 아니라 단지 시작일 뿐인 생명의 바퀴에 대해 말했지요. 대부분의 동물들은 자신의 죽음을 쉽게 받아들이고 두려움 없이 저세상으로 옮겨간다는 사실을 우리는 알게 되었습니다. 동물들은 자신을 마중 나온 집단과 함께 경계를 넘고 고향에 이르러 인간과 동물 친구들과 재회합니다. 죽은 뒤에 동물들은 우리와 연결을 유지하기 위해 영혼, 영원한 진수를 통해 조언을 해주지요.

이런 개념들은 세계의 많은 종교 안에서 보이거나 이미 인간의 경험 영역 안에 있습니다. 예를 들어 저는 호스피스로 일하는 사람들과 대화를 나눈 적이 있는데, 저세상으로 가는 과정에 있는 사람들이 자기보다 먼저 죽은 친척들이 나타난 것을 보거나 느꼈다고 하는 이야기를 종종 한다는 말을 들었습니다. 이 사람들은 친구나 친척들이 "고향으로 데려가기 위해 왔다"라고 간호사들에게 말하곤 합니다. 동물의 경우도 역시 그렇습니다.

제가 어떤 일을 하는지 알게 되면 사람들은 대개 사랑하는 동물을 잃은 것에 대해 저에게 할 이야기가 있습니다. 그 동물이 죽은 지 상당한 시간이 지났어도 많은 사람들은 그 슬픔을 감추지 못하고 있지요. 저는 자주 그 사람들에게 어떤 동물들이 저에게 나누어준 도움이 될 만한 지혜를 함께 나누며 위안을 주려고 합니다. 애니멀 커뮤니케이션을 믿지 않거나 사후의 존재 여부에 대한 확신이 없는 사람들이라 할지라도 대부분의 경우 동물의 진수가 자신의 마음속에서만이라도 계속 살아 있을지도 모른다는 점이 위안이 될 것입니다. 잃어버린 사랑하는 존재와 연결하고 싶어 하는 것은 인간의 본성이지요. 이것은 가슴을 통해 이루어지는 여행이며, 동물들의 말이 우리 모두를 궁극적으로 연결하는 그 내면의 진수로 사람들을 안내하는 데 도움이 될 수 있음을 알기에 저는 기쁨을 느낍니다.

이 책을 쓰는 여정은 흥미진진했습니다. 때로는 기쁨이 넘치고 재미있고 즐거웠으며 어떤 때는 힘들고 좌절하고 슬펐습니다. 그러나 지금은 동물들이 저에게 여러분과 함께 나눌 수 있게 해준 이 선물로 인해 그저 겸허해질 따름입니다. 그리고 저는 저세상에 있는 사랑하는 존재들과 더욱더 가까워졌지요. 루와 바이런에게 그들의 사랑과 안내에 대해 매우 감사하고 있습니다. 둘 다 영원한 사랑과 기쁨의 영혼으로 이 책과 저를 감싸고 있습니다. 그 둘과 저를 도와주었던 다른 동물 스승들은 우리 모두의 안에서 계속 살아갈 것입니다. 이제 마지막으로 저는 밀키라는 이름을 가진 일본 개의 말을 여러분에게 남깁니다.

"대단히 멋진 삶도 끝이 있습니다.
아름다운 하루도 태양이 집니다.
그게 세상 이치랍니다.
하지만 나의 태양은 다시 떠오릅니다."

부록

천사들의 거리
- 애견 **토르소** -

　내 혼이 그의 꿈을 찾아갔어요. 바싹 마른 혀로 그의 잠 귀퉁이를 핥고 또 핥는 나는 숨이 끊어진 지 꽤 됐는지도 모르겠어요. 어떻든 툭툭 끊어진 기억일망정 내게 남은 몇 조각 기억이 아주 흩어지기 전에 그를 찾아야 했어요. 하나의 혼이 다른 하나에게 다다르려면 어떤 경로를 거쳐야하는지 나로선 알 수 없어요. 두툼한 생의 밀서를 품은 검은 망토, 얼굴 없는 메신저가 밤을 틈타 데려다주었다면 설득력이 있겠네요.

　─ 목 아래로는 온통 석고를 입은 채 나는 쓰레기더미에 던져졌어요.

　나는 아홉 살. 토이푸들이라는 변종. 몸무게 1.3kg. 주인의 커다란 손이 나를 번쩍 들어 테이블에 올리더군요. 검은 바리캉이 거칠게 털을 밀어갔어요. 이런 일이야 털이 자라면 있는 일이지만 그날따라 유난히 거친 주인의 손길을 고스란히 받아내며 눈물이 났어요. 주인은 미리 개놓은 흰 반죽을 온몸에 입혀나갔어요. 어릴 적 일어서, 앉아, 물어, 등등 말뜻을 알아차리려 애쓰던 그 눈빛으로 나는 주인을 바라보았어요. 참 간절히도 그리했어요. 무슨 일이냐고 묻고 싶었지만 잠잠히 몸을 맡길 수밖에요. 주인은 어디선가 온 전화를 받고 급히 나가더니 며칠 집을 비웠어요.

밤공기 속으로 흩어지는 몇 날 내 희미한 숨결을 바라보다 고개를 떨어뜨리는 순간, 누군가에게 위로받고 싶다는 간곡한 소망이 생겼어요. 눈앞에 한 사람이 그려졌습니다. 세상은 영의 통일성 아래 있다고 믿는 그. 그의 꿈 초입에서 절름발이 갈색 개가 절름절름 내 주위를 돌며 얼굴을 핥으며 환대해주었어요. 놀라운 건, 그 개는 나의 반영인 듯 나와 꼭 같은 모습을 하고 있었어요! 안에서 내가 그리던 바로 그 사람이 나왔어요. 그는 눈앞의 상황을 단숨에 이해하는 것 같았어요. 그는 나를 들어 무릎 위에 올리더니 석고를 뜯어내기 시작했어요. 석고 안쪽 내 몸이 미끌미끌 그의 손에 만져졌어요.

석고를 벗겨낸 맨몸을 안고 그는 부엌으로 갔어요. 싱크대엔 더운 물이 넘치고 있었어요. 그는 손바닥을 오목하게 해서 물을 받아 입가를 적셔주었어요. 깨끗하게 씻긴 나는 보송보송한 흰 타월에 싸였어요. 그는 타월로 꼭꼭 눌러 발가락 사이사이까지 물기를 닦아주었어요. 나는 눈을 감은 채 이 모든 절차를 다만 느꼈습니다. −개야, 영문 모를 분홍 심장을 가졌던 작은 개야, 잘 가렴. 그가 지닌 말의 불꽃이 고요하게 일렁이는 이 시간. 나는 따뜻한 죽음의 안채에 들 수 있었습니다. 우리들 꿈 바깥으로 사락사락 첫눈이 내리나봅니다.

| 조정인 님의 시 〈천사들의 거리〉에 대하여 |
번역 원고에 대해 전문가의 조언을 받고 싶다는 바람을 갖고 그런 분 만나기를 기다려 오던 어느 날, 제 블로그에 남겨진 자취를 따라가서 우연히 조정인 선생님이 시인이시며 동물에 대한 특별한 사랑을 가진 분이라는 사실을 알게 되었습니다. 그래서 면식이 없는데도 불구하고 사정을 설명하는 이메일을 보냈습니다. 불가사의하게도 선생님은 그 전날 밤, 끔찍한 상태로 버려진 개에 대한 꿈을 꾸셨고, 그 느낌이 사라지지 않아 아주 무거운 마음으로 계실 때 저의 사연을 읽게 되셨던 겁니다. 이런 상황이 놀랍고 기이하다고 여기셔서 기꺼이 원고를 검토해주셨고, 몇 주 전에는 그 꿈이 시로 써졌다고 알려주셨습니다. 선생님과 저는 이 시가 시기적절하게 이 책의 출간에 맞춰 완성되었다는 데 뜻을 모아 여기에 소개합니다.

시인 조정인은 1998년 《창작과비평》으로 등단했으며, 시집 《장미의 내용》《그리움이라는 짐승이 사는 움막》 동시집 《새가 되고 싶은 양파》를 펴냈다.

옮긴이의 글

사랑은 영원한 선물입니다

한동안 텔레비전만 켜면 자주 마주치는 프로그램이 있었습니다. 사랑 가득한 동그란 눈동자의 서양여성이 동물에게 잠시 의식을 집중한 다음, 그 동물이 느끼는 감정이나 감각, 갖고 있는 생각 등을 전해주는 장면이었습니다. 그 자리에 같이 있는 사람들조차도 전혀 예상하지 못했던 내용들을 그 애니멀 커뮤니케이터를 통해 들으면서 말할 수 없는 감동을 받았습니다. 평소에 '공감'이라는 주제에 관심을 갖고 학생들과 함께 탐구하기도 하는 저는, 유다른 흥미를 갖게 되어 호기심에서 관련서적도 읽어보고 애니멀 커뮤니케이션을 한번 배워보면 어떨까라는 생각도 했습니다.

그러던 중, 일본에서 아오다 유미栗田 優美 님으로부터 책을 한 권

선물 받았습니다. 아오다 유미님은 일영동시통역가로 2002년 월드컵 한일공동개최 조추첨 행사가 부산에서 열렸을 때, 요코하마시 홍보를 위해 한국을 처음 방문했습니다. 그때 함께 통역을 하면서 알게 되어 각별한 인연으로 지내고 있었습니다.

처음 책을 보았을 때, 저는 아주 놀랐습니다. 애니멀 커뮤니케이션에 대한 책이었고, 더구나 그 내용이 동물들이 말하는 삶과 죽음, 윤회라니…….

어려서부터 윤회나 전생 같은 개념에 관심이 많았던 저는, 왜 인간은 유한한 삶을 살면서 영원이라는 개념을 알고 있는 걸까? 과연 영원한 것이 있는 걸까? 하는 의문을 계속 간직하고 살아왔습니다. 그러다 《전생요법》 같은 책도 읽게 되었고, 전생퇴행요법 워크숍에도 참가한 적이 있었기에 저에게 이 책의 내용은 아주 익숙했습니다.

그래서 이 책이 저에게 온 것이 우연이 아니라는 느낌이 들어 우리나라에 소개하고 싶다는 뜻을 아오다 유미 님에게 전했습니다. 일본어판 역자인 아오다 유미 님은 고조된 목소리로 어떤 운명적인 힘이 작용하고 있는 것 같다고 하면서 일본어판 출판기념회에서 저자가 한국에서 출간하고 싶다는 의향을 발표했을 때, 이미 역자로 저를 추천했다는 사실을 알려주었습니다. 이렇게 아오다 유미 님을 통해 자연스럽게 저자와 연결되면서 저는 한국어판 출간을 추진하게 되었습니다.

주위 사람들에게 이 책에 대해 이야기하면 크게 두 종류의 반응을 보입니다. "동물들이 의사표현을 한다고? 그거 그냥 그 사람 생각 아니야?"라고 의아해하는가 하면, "그래, 맞아. 우리 개와 나는 통하는 게 있어. 내 말을 잘 알아듣는 것처럼 보여. 정말 무슨 특별한 인연이 있는 것 같아"라고 하면서 평소에 그 동물과 함께하는 삶에 대해 이유를 찾고 있던 차에 어떤 의미를 발견한 듯이 즐거워하는 사람도 있습니다.

《주인이 집에 오는 때를 아는 개》라는 책을 쓴 영국의 생물학자 루퍼트 쉘드레이크Rupert Sheldrake는 동물들이 보통은 반려인이 집에 돌아오는 시간에 맞춰 현관에서 기다리는데, 어떤 날 예외적으로 다른 시간대에 집에 오는 경우에도 동물들이 알고 현관에 나와 기다리고 있다는 사실을 발견했습니다. 이 책에서 저자는 오늘날 과학적으로는 이해할 수 없지만, 동물과 함께 생활하는 많은 사람들이 이미 인정하고 있듯이 사람과 동물 간에 강력한 연결이 있다는 것을 증명하면서 텔레파시를 통해 대화한다고 말합니다.

아직은 텔레파시의 존재나 유효성에 대해 확신하지 못하는 사람들도 많습니다. 말이라는 의사전달 수단이 생겨나기 전에 인류는 어떻게 의사소통을 했을까요? 그때 사용했던 것이 오늘날 우리가 텔레파시라고 이름붙인 것이 아닐까요? 인간은 자기를 둘러싼 모든 유정·무정의 존재들과 텔레파시를 통해 교감하면서 지금보다 조화롭게 살았던 것은 아닐까 상상해봅니다.

학생들에게 공감실습을 과제로 내고 경험나누기를 해보면, 놀랄 만한 이야기를 듣습니다. 심성이 고와서 산을 다닐 때 나무와 풀과 대화를 나누는 학생, 화초에 물을 주러 다가갈 때 화초가 방긋이 웃음을 짓는 것처럼 느껴진다고 하는 학생, 수업시간에 가장 산만한 태도를 보였지만 자신의 컴퓨터가 문제를 일으킬 때마다 말을 걸고 사랑을 표현하면 제대로 작동을 하게 된다고 하는 학생, 성가신 벌레를 퇴치할 방법을 찾다 꾸준히 설득하는 마음으로 대화를 했더니 어느 날 자취를 감춰버렸다고 하는 학생. 어떤 사람들에게는 한순간의 웃음으로 넘겨버릴 수 있는 일들이지만 참으로 소중한 이 이야기들을 들으면서 저는 누구에게나 이렇게 말과 문자를 뛰어넘어 다른 종, 사물과 소통할 수 있는 능력이 있다는 것을 다시 확인합니다.

이 책은 동물들의 영혼이 전하는 말을 엮은 것입니다. 동물에게도 영혼이 있을까? 의문을 갖는 분들과 다음 이야기를 함께 나누고 싶습니다.

최종원고를 출판사에 보낸 순간, 비몽사몽간에 제 눈앞에 전혀 믿을 수 없는 광경이 펼쳐졌습니다. 한 무리의 동물들이 저에게 환호와 박수갈채를 보내는 모습이었습니다. 깜짝 놀라면서도 '무슨 의미일까? 라고 물음을 갖는 찰나, 동물들이 자신들의 말이 한국어로 세상에 알려지도록 제가 역할을 해준 것에 대해 고마움과 사랑을 표현하고 있다는 것을 느꼈습니다. 그 동물들이 보내는 감정이 얼마나 크고 강렬했던지 제 가슴이 벅차오르고 눈에서는 눈물이 흘러내릴 지경이었습니다. 너무나 신기해서 아오다 유미 님에게 이 얘기를 했습니다. 그런데 아오다 유미 님의 답글은 저를 더욱 놀라게 했습니다. 일본어 번역을 마쳤을 때 아오다 유미 님도 비슷한 경험을 했는데, 자신을 에워싼 한 무리의 동물들이 차례차례로 앞으로 나와 '고맙다'는 말을 했다는 것입니다.

  이런 경이로운 체험과 함께 이 책을 번역하는 과정은 저에게 기대하지 않았던 성찰의 시간과 성장의 기회를 가져다주었습니다. 부족함과 아쉬움이 많이 남지만, 그저 감사할 따름입니다.

  항상 동물의 말을 그대로 존중해달라는, 자신은 단지 동물들의 말을 전하는 사람일 뿐이라고 분명히 밝히는 로렌 맥콜Lauren McCall과의 만남에 깊이 감사합니다.

  자신의 동물들을 돌보아주던 수의사 선생님의 권유로 역자가 된 아오다 유미 님은 번역하는 동안 여러 해 애지중지하던 토끼 피터를 떠나보내는 아픔을 겪었습니다. 견디기 힘든 고통의 시간이었지만 마침 저자의 애니멀 커뮤니케이션으로 도움을 받아 마음의 위안을 찾았다고 합니다. 이런 특별한 연고로 한국에서의 출판이

결정되자, 유화 전공자로서 이 책에 대한 특별한 애정을 그림으로 표현할 기회를 갖기를 원했습니다. 그런데 2011년 3월 11일 일본 대지진 직후 유방암이 재발하여 수술을 받고는 외부활동을 할 수 없을 만큼 기력이 쇠약해졌습니다. 과연 그림을 그릴 수 있을까 염려를 했지만, 혼신의 힘을 다해 책에 실릴 그림을 그려서 보내주셨습니다. 이토록 의미 있는 책의 역자가 될 수 있도록 인연을 엮어주시고, 어려운 상황에서도 약속을 지켜주신 아오다 유미 님의 모든 노고에 감사합니다.

지구상에 있는 동물들에 대한 지대한 연민과 남모르는 선행 그리고 몽실이, 탱자 두 반려견에 대한 아낌없는 보살핌으로 동물에 대한 관심을 일깨워주는 벗 김현미 선생님, 처음 책을 받고 놀람과 흥분을 느꼈던 순간부터 원고가 완성될 때까지 언제나 대화 상대가 되어주고 필요한 조언과 격려를 해주셨습니다. 온라인에서 지나쳐버릴 만남이었지만 우연히도 꿈에서 끔찍한 상태로 버려진 개를 보시고 마음에서 내려놓지 못하고 계실 때, 원고의 검토를 부탁드리는 저의 이메일을 받으시고 묘한 필연을 감지하셔서 요청에 선뜻 응해주신 조정인 시인님. 누나의 사정을 잘 알고 이해하는 까닭에 바쁜 가운데도 며칠 밤을 새며 영어원문과 확인 작업을 해준 믿음직한 동생 이창윤 님. 평화롭고 사랑이 많은 세 분의 섬세한 성정이 이 책 곳곳에 스며 있을 것입니다. 고맙습니다.

시간에 쫓기는 딸의 초조한 모습을 볼 때면 고요한 표정으로 "딸, 자신감을 갖고 시간이 충분하다고 생각해봐"라고 차분히 용기와 여유를 되찾게 도와주신 어머니. 저를 믿고 제가 하는 일에 끊임없는 성원을 보내주시는 모든 분들, 진심으로 감사합니다.

예정보다 많은 시간이 걸렸지만, 늘 한결같은 모습으로 기다리며 한국어판 출간에 온힘을 써주신 서현사 조재성 사장님, 정말 고맙습니다.

이 책과의 만남이 존재하는 모든 것이 평등하며, 우리는 모두 하나로, 빛과 사랑으로 연결되어 있음을 실감하고 확신할 수 있는 계기가 되길 소망합니다. 사랑은 영원한 선물입니다.

2012년 1월

이 정 아

영원한 선물 The Eternal Gift

초판 찍은날 2012년 2월 6일   **초판 펴낸날** 2012년 2월 10일

지은이 로렌 맥콜 | **옮긴이** 이정아

펴낸이 조재성
책임편집 옥두석 | **디자인** 권수진

펴낸곳 서현사 | **주소 (410-817)** 경기도 고양시 일산동구 백석2동 1332-1 레이크하임 206호
전화 031.919-6643 | **팩스** 031.912-6643
출판등록 2002년 8월 14일(제03-01392호)

ISBN 978-89-94044-36-1 03180

잘못 만들어진 책은 교환해 드립니다.
저자와의 협의에 의해 인지는 생략합니다